떴다! 지식 탐험대

도르프와 떠나는 민주주의 역사 여행

떴다! 지식 탐험대-정치
도르프와 떠나는 민주주의 역사 여행

초판 제1쇄 발행일 2011년 4월 15일
개정판 제2쇄 발행일 2021년 12월 20일
글 류증희 그림 문지후 감수 김세균
발행인 박헌용, 윤호권 발행처 (주)시공사 주소 서울시 성동구 상원1길 22
전화 문의 02-2046-2800 홈페이지 www.sigongsa.com / www.sigongjunior.com

ⓒ 류증희·문지후, 2011

이 책의 출판권은 (주)시공사에 있습니다.
저작권법에 의해 한국 내에서 보호받는 저작물이므로, 무단 전재와 무단 복제를 금합니다.

ISBN 979-11-6579-282-4 74340
ISBN 979-11-6579-001-1 (세트)

홈페이지 회원으로 가입하시면 다양한 혜택이 주어집니다.
잘못 만들어진 책은 구입하신 곳에서 바꾸어 드립니다.

KC마크는 이 제품이 공통안전기준에 적합하였음을 의미합니다.
제조국 : 대한민국 사용 연령 : 8세 이상
주의 사항 : 책장에 손이 베이지 않게, 모서리에 다치지 않게 주의하세요.

떴다! 지식탐험대

정치

도르프와 떠나는 민주주의 역사 여행

글 류증희 / 그림 문지후 / 감수 김세균

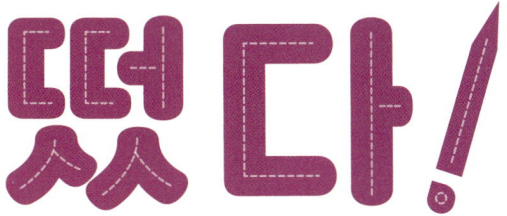

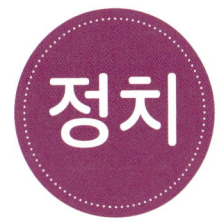

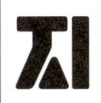

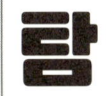

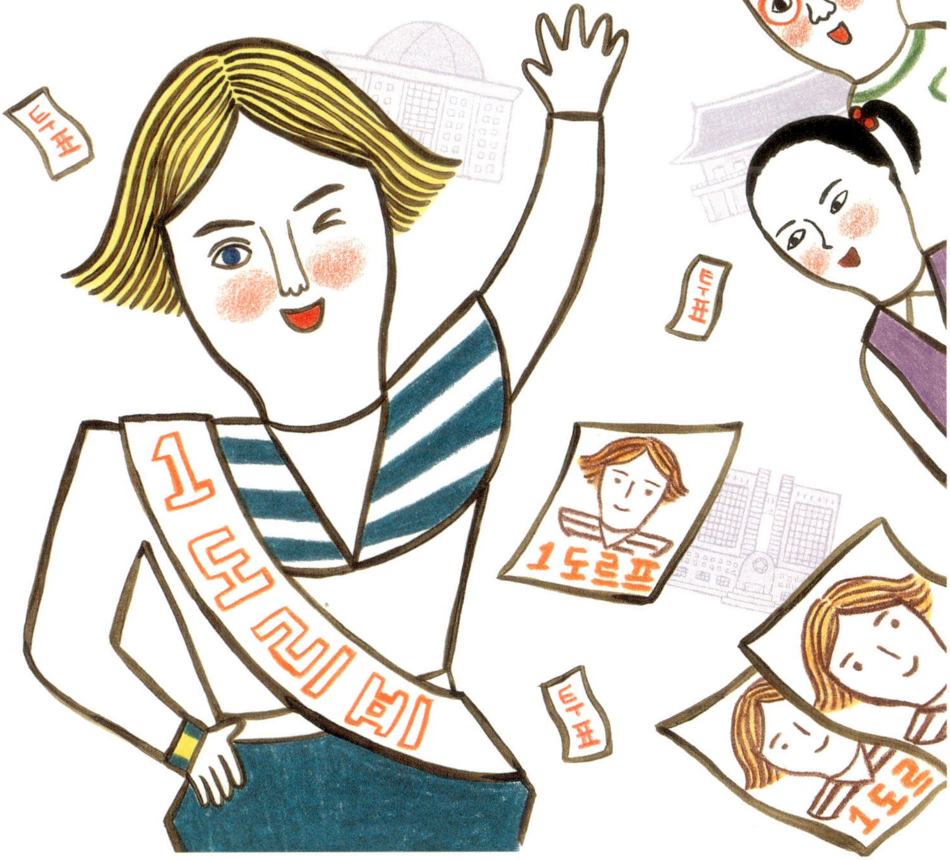

시공주니어

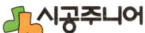

작가의 말

　어린이를 위한 정치 이야기를 쓰면서 고민이 참 많았습니다. 초등학생들이 어려워한다는 사회 과목, 그중에서도 우리 어린이들과는 전혀 상관없는 것처럼 여겨질 수도 있는 정치에 대한 이야기를 책 한 권으로 풀어 나가야 했으니까요.

　초등학교 반장 선거를 소재로 정치와 민주주의에 대한 이야기를 꾸며 볼까? 아니야, 그건 너무 뻔한 방식이야. 그렇다면 어린이들이 자신들만의 나라를 세우면서 민주 정치를 배워 나가는 과정을 이야기로 담아 볼까? 재미있을 것 같긴 한데……. 이렇게 스스로 묻고 대답하며 머릿속으로 얼마나 많은 이야기를 썼다가 지웠는지 모르겠습니다.

가장 고민이 된 것은 우리 어린이들에게 정치와 민주주의에 관한 지식과 개념을 잘 알려 주는 것도 중요하지만, 어떻게 하면 민주주의의 가치와 소중함을 일깨워 줄 수 있을까 하는 점이었습니다. 교과서에서 당연한 듯 설명하는 민주주의의 가치가 어느 한순간에 하늘에서 뚝 떨어진 것이 아니라, 인류의 오랜 역사 동안 많은 사람들이 노력하고 희생한 덕분에 만들어졌다는 것을 어린이들과 함께 공감하고 싶었습니다.

외계인과 타임머신. 별로 참신해 보이지 않는 이 설정은 이런 고민 끝에 나온 산물입니다. 교과서에서 배우는 정치와 민주주의의 수많은 개념들 속에 숨어 있는 사람들의 흔적을 끄집어내기 위해 외계인 도르프와 타임머신을 등장시킨 것이지요. 도르프는 민주주의를 전혀 접하지 못한 어린이의 시선으로 민주주의에 대한 근본적인 질문을 던져 줄 것입니다. 타임머신은 도르프에게 생생한 민주주의의 현장을 보여 주는 역할을 하고요.

이 책을 읽는 어린이 여러분, 도르프와 함께 민주주의 역사 여행을 하면서 아름다운 지구의 정치와 민주주의에 대해 좀 더 이해하는 시간을 가졌으면 합니다. 그리고 책을 덮으면서 두 가지만 기억해 주세요. 정치는 우리의 삶과 밀접한 것이라는 점, 그리고 어린이 여러분의 관심과 참여가 미래의 민주주의를 지킨다는 점을 말이에요.

류중희

작가의 말 … 4
등장인물 … 8

민주주의를 찾아서 … 10
- 도르프와 배우는 정치 상식 … 20   • 정치 토크 쇼 "이건 뭐?" … 22

페리클레스를 만나다 … 24
- 도르프와 배우는 정치 상식 … 40   • 정치 토크 쇼 "이건 뭐?" … 42

의회 민주주의를 배우다 … 44
- 도르프와 배우는 정치 상식 … 56   • 정치 토크 쇼 "이건 뭐?" … 58

프랑스 혁명의 현장에 가다 … 60
- 도르프와 배우는 정치 상식 … 72   • 정치 토크 쇼 "이건 뭐?" … 74

프랑스 인권 선언의 현장으로 … 76
• 도르프와 배우는 정치 상식 … 90   • 정치 토크 쇼 "이건 뭐?" … 92

세계 최초의 대통령을 찾아라 … 94
• 도르프와 배우는 정치 상식 … 106   • 정치 토크 쇼 "이건 뭐?" … 108

대한민국 대통령 선거를 취재하다 … 110
• 도르프와 배우는 정치 상식 … 124   • 정치 토크 쇼 "이건 뭐?" … 126

몽테스키외를 만나다 … 128
• 도르프와 배우는 정치 상식 … 142   • 정치 토크 쇼 "이건 뭐?" … 144

지방 선거를 경험하다 … 146
• 도르프와 배우는 정치 상식 … 158   • 정치 토크 쇼 "이건 뭐?" … 160

뒷이야기 … 162

도르프

오리온자리 주변에 있는 제타 행성에서 지구로 찾아온 외계인. 민주 정치를 조사하라는 임무를 수행하러 지구에 왔다. 365가지 언어를 구사하는 언어의 달인으로, 시간 여행을 하며 지구의 민주주의를 조사한다.

한대표

대한민국 현운 초등학교의 전교 어린이 회장. 정치에 관심이 많으며 어린 나이에 걸맞지 않게 정치에 대한 지식이 풍부해 애늙은이로 불린다. 너무 나서는 성격이 단점이라면 단점. 도르프의 민주주의 시간 여행을 돕는다.

왕빛나

현운 초등학교의 여자 셜록 홈즈로 불리는 소녀. 평소 UFO를 추적하는 일에 관심이 많았는데, 우연히 도르프의 우주선을 발견한다. 도르프의 민주주의 시간 여행을 함께하며, 꼼꼼한 관찰력과 추리를 통해 도르프의 임무 수행을 돕는다.

오르시우스 13세
도르프가 살던 제타 행성의 지배자. 국민의 뜻을 살피기보다는 자기 마음대로만 정치를 펼치는 독재자이다.

데모스
도르프를 지구로 보낸 제타 행성 반란군의 지도자. 지구의 민주주의 정치를 조사하기 위해 수시로 도르프에게 임무를 내린다.

오르시우스 파르부스
오르시우스 13세의 조카. 제타 행성의 초대 대통령 선거에 출마해 데모스를 방해한다.

아이데스
데모스의 반란군 동료. 오르시우스 13세가 만든 감옥 '다가둬'에서 간수로 일하면서 몰래 데모스 반란군의 일을 돕는다.

민주주의를 찾아서

밤이 긴 추운 겨울날, 남쪽 밤하늘을 바라보면 마치 사람이 두 팔을 들어 올리고 있는 것 같은 모양의 별자리를 찾을 수 있다. 그리스 신화에 나오는 사냥꾼 오리온이 죽어서 별이 되었다는 신비로운 이야기를 담고 있는 이 별자리의 이름은 바로 오리온자리이다. 겨울 밤하늘을 밝게 수놓는 오리온자리는 겨울철을 대표하는 별자리로도 유명하다. 여기까지는 별자리에 대해 조금이라도 관심이 있는 사람이라면 다 아는 이야기이다.

하지만 지금부터 할 이야기는 아는 사람이 거의 없는 정말 놀라운 비밀이다. 지구에서 오리온자리 쪽으로 500광년 떨어진 곳에 우리 인간과 비슷한 생명체가 사는 행성이 있다는 것! 제타 행성이라고 하는 이 별은 과학 기술이 놀라울 정도로 발달해 있었다. 하지만 오르시우스 13세가 지배하는 이 별에서는 하루도 반란이 끊이질 않았다.

왜냐고? 이 별의 국민이라면 여덟 살 먹은 어린아이도 이렇게 대답한다.
"폐하께서 정치를 똑바로 못하시니까요."

도대체 정치가 뭐기에 오르시우스 13세는 어린아이에게까지 이런 말을 듣는 것일까? 이 별의 존경받는 할아버지에게 정치가 뭐냐고 물었더니 이렇게 대답했다.

"정치? 뭐 별거 있나. 여러 사람이 함께 생활하다 보면, 의견이 맞지 않아서 문제가 생기는 경우가 있지. 그래, 안 그래? 아, 학교에서도 친구끼리 싸우고 그러면 반 분위기가 엉망이 되잖아. 그런데 여러 국민들이 사는 나라는 어떻겠어? 더 많은 문제가 있을 거 아니야? 국민들 사이의 의견 차이를 조정하고 서로 대립하는 문제들을 해결하는 게 정치지. 근데 우리 폐하는 그걸 못해. 아니, 안 해! 다 자기 마음대로야. 쯧쯧!"

그렇다. 오르시우스 13세는 '왕의 말이 곧 법'이며 '나라는 국민이 아니라 왕의 것'이라는 신념으로 똘똘 뭉친 지도자였다. 그러니 반대자가 많을 수밖에······.

하지만 오르시우스 13세에 반대하는 이들의 반란은 항상 실패로 끝나고 말았다. 반란군들은 오르시우스 13세를 왕위에서 몰아내고 새로운 왕을 세우려 했지만, 이러한 계획을 지지하는 국민들은 그리 많지 않았다. 이 별의 국민들은 오랜 세월 동안 여러 왕을 겪으면서 정치를 잘하는 좋은 왕은 나오기 어렵다는 생각을 갖게 되었기 때문이다.

그런데 언제부턴가 이 별에 꿈만 같은 이야기가 떠돌기 시작했다. 먼 우주를 여행하고 돌아온 사람들이 퍼뜨린 이야기인데, 태양계의 지구라는 곳에서는 국민이 나라의 주인이며 지도자를 국민 스스로 뽑는 정치가 이루어진다는 것이었다. 오르시우스 13세는 모두 헛소리라며 이런 이야기를 하는 사람들을 잡아 가두기 시작했다.

반란군 지도자 데모스는 지구에 특공대를 파견해 소문을 확인하기로 했다. 특공대에 가장 먼저 지원한 이는 반란군 최고의 통역사 도르프. 그는 외계어 365가지를 자연스럽게 말하는 언어의 달인이었다.

"이 우주에서 나만큼 말 잘하는 사람 있으면 나와 보라고 해!"

자신만만한 도르프의 말에 모두 한마디씩 했다.

"그래, 넌 물에 빠져도 입만 동동 뜰 거야."

"뜨기만 하겠어? 입으로 헤엄도 칠 수 있을걸?"

"하긴 넌 생전 처음 가 본 별에서도 친구를 정말 잘 사귀더라."

이렇게 해서 도르프는 특공대로 뽑혀 지구로 떠나게 되었다. 500광년이면 빛의 속도로 500년을 가야 하는 거리지만, 도르프가 사는 별의 과학 기술은 상상을 초월하는 수준이기에 최신형 우주선으로 5일밖에 걸리지 않는다. 도르프가 탈 우주선은 구형이라서 4배쯤 시간이 더 걸리지

만 그래 봐야 20일. 게다가 이 우주선에는 타임머신 기능까지 있다. 지구로 향하는 20일 동안 도르프는 열심히 지구의 주요 언어들을 배웠다.

드디어 우주선이 지구에 도착하는 날, 데모스는 화상 통신으로 도르프에게 첫 번째 임무를 전달했다.

"도르프, 지구까지 가는 길에 별 문제는 없었나?"

"네, 데모스 대장님! 혼자라서 좀 외롭긴 했지만, 지구 여러 나라 말을 공부하느라 심심할 틈도 없었습니다. 지구 인사말 한번 들어 보시겠습니까? 안녕하세요, 헬로, 봉주르, 니하오……."

"수다는 여전하군, 도르프. 지구에 무사히 도착하면 우선 민주주의의 뜻이 무엇인지 알아보도록! 지구에서는 민주주의 정치가 발달했다고 하네. 알았나?"

"네, 걱정 마십시오!"

도르프는 자신 있게 대답하고 데모스와의 통신을 마쳤다.

하지만 아무리 언어의 달인 도르프라도 갓 배운 지구의 언어들은 낯설고 어려웠다.

'민주주의라니? 그게 대체 뭘까?'

도르프가 이런 생각을 하고 있는데, 갑자기 컴퓨터에서 경보음이 들리기 시작했다.

"긴급 상황! 긴급 상황! 지구 대기권 진입 도중 우주선에 이상 발생! 현재 추락 중! 충격에 대비하십시오!"

"쾅!"

엄청난 충격이 느껴졌지만, 다행히 폭발은 없었다. '우리 별의 우주선은 이 정도 충격에는 까딱없지.'라고 생각하며 도르프가 으쓱하는데 컴퓨터에서 다시 한번 경보음이 들렸다.

"불시착 지점은 지구 대한민국 강원도 강릉시. 시스템 상태 점검 개시! 우주선 외관 정상. 내부 설비 정상. 중앙 컴퓨터 정상. 엔진 정상. 타임머신 정상. 삑! 통신 장비 이상! 통신 장비 이상! 통신 장비 이상으로 정보 검색 및 제타 행성과의 통신 중단!"

도르프는 갑자기 눈앞이 깜깜해졌지만, 정신을 차리고 밖을 내다보았다. 다행히 어두운 밤이라서 우주선의 불시착을 본 사람은 없는 것 같았다. 도르프는 통신 장비를 살펴보러 우주선 밖으로 나왔다. 바로 그때, 멀리서 발자국 소리가 들렸다. 도르프는 얼른 우주선을 투명 모드로 바꾸고 소리가 나는 쪽을 살펴보았다. 지구 아이 2명이 달려오고 있었다.

그중에 여자아이가 눈을 반짝이며 물었다.

"아저씨, 여기서 UFO(유에프오) 못 봤어요?"

처음 듣는 단어에 놀란 도르프가 여자아이에게 되물었다.

"UFO? 그게 뭔데?"

여자아이는 실망한 듯 말했다.

"어른이 그것도 몰라요? 미확인(Unidentified) 비행(Flying) 물체(Object)! 분명 저기 하늘에서 비행접시처럼 생긴 게 우리 학교로 떨어졌는데……."

"난 못 봤어."

도르프는 어떻게 말해야 좋을지 몰라 일단 잡아뗐다.

이번에는 남자아이가 따지듯 물었다.

"어, 그런데 아저씨는 처음 보는 분인데 이렇게 늦은 밤에 왜 우리 학교에 계세요?"

도르프도 지지 않고 물었다.

"그러는 너희는 이 늦은 밤에 왜 여기 있는 건데?"

"제 이름은 한대표. 이 학교의 전교 어린이 회장입니다. 학교에 무슨 일이 일어난 거 같으니 당연히 제가 출동해야죠."

"저는 왕빛나. 자나 깨나 UFO를 추적하는 어린이 탐정이죠. 아, 오늘은 정말 외계인을 만날 수 있을 줄 알았는데……."

'네 앞에 있는 내가 바로 외계인이다. 크크.'

빛나의 말을 들은 도르프는 속으로 이렇게 생각하며 웃었다. 한편으로는 이 아이들에게 자신의 정체를 밝히고 도움을 청하면 어떨까 하는 생각이 들었다. 통신 장비가 고장 나서 따로 정보를 수집하기가 어려웠기 때문이다.

도르프가 물었다.

"그런데 너희들, 정말 외계인을 만나면 어떻게 할 거니?"

"그야 물론 지구인의 대표로서 우리 지구를 잘 소개하고 외계인이랑 친구 해야지요. 흐흐."

대표는 정말 지구 대표가 되기라도 한 듯 말했다.

"전 우선 외계인을 인터뷰할 거예요. 어디서 왔는지, 왜 지구에 왔는지, 뭘 좋아하는지……. 정말 묻고 싶은 게 많아요. 그리고 UFO도 타 보고 싶고요."

빛나도 그야말로 눈을 빛내며 말했다.

결국 도르프는 자신이 오리온자리 근처의 별에서 온 외계인이라고 밝혔다. 하지만 대표와 빛나는 도르프의 말을 믿지 않았다. 흔히 외계인이라고 하면 괴상한 모습을 상상하기 마련인데, 도르프의 생김새는 지구인하고 별로 다르지 않았기 때문이다.

어쩔 수 없이 도르프는 자신이 외계인이라는 것을 증명하기 위해 우주선의 투명 모드를 해제할 수밖에 없었다.

"으아아아, 정말 UFO다!"

"세상에! 이게 정말 꿈이 아니란 말이지?"

도르프가 외계인이라고 해도 믿지 않고 코웃음만 치던 대표와 빛나는 우주선을 보자마자 호들갑을 떨었다. 그러더니 갑자기 빛나가 따발총처럼 질문을 퍼부었다.

"아저씨 이름은 뭐예요? 나이는? 언제 지구에 왔죠? 왜 왔어요? 여기 와서 뭐 했죠? 혼자 왔나요? 혹시 지구 정복이 목적 아니에요? 그리고……."

외계인을 만나면 인터뷰를 하겠다더니, 빛나는 도르프가 대답할 틈도 주지 않고 계속 질문을 쏟아 냈다. 그러자 대표가 나섰다.

"빛나야. 지구를 방문한 손님에게 너무 무례한 거 아니니?"

대표 덕분에 말할 기회를 얻은 도르프는 두 아이에게 지구에 온 이유를 설명하고 자신의 임무를 도와 달라고 부탁했다. 아이들은 물론 기꺼이 허락했다. 대표는 지구인의 대표로서 외계인을 정중하게 대접하고 싶었고, 빛나는 외계인 인터뷰와 UFO 관찰의 꿈을 이루고 싶었으니까.

도르프는 첫 번째 임무를 위해 아이들에게 바로 질문을 던졌다. 이런, 성격도 정말 급하시지.

"얘들아, 내가 아직 지구 말이 서툴러서 그런데 민주주의가 뭐니?"

"하하. 아저씨, 저를 정말 잘 만나신 거예요. 제가 바로 전교 어린이 회장 아닙니까? 정치에 대해서는 아주 환하다고요. 민주주의가 한자어

라서 좀 어렵죠? 하지만 한자를 풀어 보면 쉽게 이해할 수 있어요. 민주주의에서 '민주'는 한자로 '民主'라고 쓰거든요. '백성 민(民)' 자에 '주인 주(主)' 자를 써요. '주의'는 '主義'라고 쓰는데, 어떤 주장이나 이론을 뜻하고요. 그러니까 민주주의는 백성, 즉 국민이 나라의 주인이라는 생각이지요. 옛날에 왕이 나라를 다스리던 때에는 왕이 국가의 주인이나 다름없었지만, 현대 민주주의 국가에서는 국민이 국가의 주인이고, 국민들 스스로 나라를 다스리는 거예요."

대표는 마치 물을 만난 고기처럼 신이 나서 설명했다.

"오호, 그럼 민주 정치는 국가의 주인이 국민이라는 생각을 바탕으로 국민들의 뜻에 따라 이루어지는 정치를 말하겠구나?"

도르프는 첫 번째 임무를 해결했다는 생각에 마음이 들떴다.

"맞았어요! 추리력이 대단하신데요! 탐정의 소질이 있어요!"

빛나는 마치 후배 탐정을 만난 듯 도르프를 대견하게 바라보았다.

도르프도 신이 나서 소리쳤다.

"좋았어! 얘들아, 그럼 우리 함께 다음 임무에 도전해 보자!"

도르프와 배우는
정치 상식

정치란 무엇일까?

'정치'를 국어사전에서 찾아보면 '나라를 다스리는 일'이라고 풀이되어 있어. 나라를 다스린다는 것은 국민이 잘 살게 두루 보살피고 관리한다는 뜻이란다. 사람들이 모여 살다 보면 서로 의견이 달라 다투기도 하고, 범죄를 저지르는 사람도 생겨. 나라에서는 이런 다툼을 잘 해결하고, 범죄로부터 국민들을 지켜야겠지? 이렇게 국민들이 다 함께 행복할 수 있도록 분쟁을 조절하고 사회 질서를 바로잡는 일이 바로 정치야. 오늘날에는 국민의 대표를 뽑아 공정한 법을 만들고(국회), 법에 따라 나라를 운영하며(정부), 법을 어긴 사람은 재판을 해서(법원) 대가를 치르도록 한단다.

정치는 누가 하는 걸까?

'정치' 하면 대통령이나 국회 의원이 떠오른다고? 그래. 대통령이나 국회 의원처럼 정치를 맡아서 하는 사람을 정치인이라고 해. 옛날에는 왕과 귀족, 양반들이 바로 정치인이었지. 이들은 백성의 뜻과는 상관없이 정치인이 되었지만, 오늘날의 정치인은 국민들이 정해 준단다. 오늘날 민주주의 국가에서는 국민이 자신들을 대신해 정치를 할 사람을 직접 뽑거든. 대통령이나 국회 의원은 모두 선거를 통해 국민의 선택을 받은 사람들이야.

우리도 정치를 한다고?

국민 모두가 지켜야 할 법을 만들고 국민을 위한 여러 정책을 결정해 나랏일을 처리하는 것이 정치인들의 역할이야. 하지만 정치는 정치인들만 하는 건 아니란다. 여러 사람이 함께 생활하다 보면 의견이 맞지 않아 갈등이 생기는 경우가 있지? 이럴 때 서로에게 이롭고 구성원 모두가 그 결과를 받아들일 수 있는 해결 방안을 찾는 모든 행동이 정치란다.

그런 의미에서 정치는 우리 생활 어디에서나 찾아볼 수 있어. 예를 들어 반장이 학급 회의에서 친구들의 의견을 물어 반에서 생긴 문제를 함께 해결하는 것도 정치야. 그러니까 어린이도 정치를 할 수 있는 거란다.

인간은 정치적 동물

그리스의 철학자 아리스토텔레스는 "인간은 정치적 동물이다."라는 말을 했어. 정치라는 게 넓은 의미로는 사람들 사이에 생긴 갈등을 푸는 일이라고 했지? 사람은 혼자서는 살 수 없어. 그래서 오래전부터 공동체를 이루고 살았지. 사람은 다른 사람과 함께 어울려 살 수밖에 없고, 사회를 떠나서는 살 수 없기 때문에 정치는 인간의 본성과 같아. 사회가 잘 굴러가고 사람들이 행복하게 살기 위해서는 정치가 잘 이루어져야 해. 아리스토텔레스가 '인간은 정치적 동물'이라고 말한 건 바로 그 때문이야.

정치 토크 쇼 "이건 뭐?"

오늘의 주제 **민주 정치의 네 가지 원리**

🧑 도르프, 민주 정치는 네 가지 원리에 따라 이루어진다는 거 혹시 알아요?

👧 뭐? 네 가지 원리라고? 애고, 이제 막 민주주의가 무슨 뜻인지 배웠는데, 알아야 할 게 너무 많구나.

🧑 너무 어렵게 생각할 건 없어요. 민주 정치의 네 가지 원리 중 하나는 '민주주의'라는 말 속에 숨어 있으니까요.

👧 음, 아까 민주주의는 '국민이 나라의 주인이라는 생각'이라고 했는데······. 그럼 '국가의 주인은 국민'이라는 거 아닐까?

🧑 오, 도르프! 눈치가 정말 빠른걸요! 맞았어요.

👧 그런데 국민이 국가의 주인이라고 하지만, 대통령이니 국회 의원 같은 사람들이 나라를 다스리는 것 같던데, 왕이 다스리는 우리 별하고 뭐가 다른 거야?

🧑 좋은 질문이에요. 도르프네 별에서는 어떤 사람이 왕이 되죠?

👧 당연히 왕의 자손들이지. 지금 왕인 오르시우스

13세는 그 전 왕이었던 오르시우스 12세의 아들이고, 오르시우스 13세가 죽으면 왕자가 뒤를 잇겠지.

바로 그게 다른 점이에요. 민주 정치를 하는 나라에서는 국민이 선거를 통해 직접 대표를 뽑는다고 했잖아요. 대통령도 국회 의원도 국가의 주인인 국민이 뽑는 거예요.

두 번째는 나라를 다스리는 힘을 국회, 정부, 법원이 나누어 가지고, 일도 나누어 맡는다는 거예요. 국회에서는 법을 만들고, 정부에서는 정책을 결정하고 실행하며, 법원에서는 재판을 하지요.

그렇구나. 우리 별에서는 왕이 모든 권력을 다 가지고 있어서 왕이 정치를 잘못해도 아무도 그걸 막을 수 없는데.

맞아요. 한 사람이 권력을 독점하는 걸 막으려고 민주 국가에서 권력을 나누고, 일도 나누어 맡는 거예요. 그래야 서로 견제하고 균형을 이룰 수 있으니까요.

그럼, 민주 정치의 세 번째 원리와 네 번째 원리는 뭐야?

세 번째 원리는 헌법에 따라 나라를 다스린다는 거예요. 국민의 자유와 평등과 같은 기본권을 보장하기 위해서 필요하죠. 네 번째 원리는 국민 자치로, 주권을 가진 국민이 스스로 나라를 다스린다는 거예요. 국민을 대신해 정치를 하는 대표자를 뽑는 간접적인 방법과 국민 투표, 지방 자치 제도 등을 통해 국민이 직접 정치에 참여하는 직접적인 방법이 있지요.

자, 마지막으로 이 한대표가 정리해 줄게요.

① 국민 주권(국가의 주인은 국민)
② 권력 분립(국가 권력을 나누어 가짐)
③ 입헌주의(헌법에 따라 나라를 다스림)
④ 국민 자치(국민이 스스로 나라를 다스림), 이게 바로 민주 정치의 네 가지 원리랍니다.

페리클레스를 만나다

"다음 임무는 뭔데요? 빨리 이야기해 주세요!"

빛나는 어떤 임무라도 자기가 다 해결할 수 있다는 자신에 찬 눈빛으로 도르프를 바라보았다.

"어허, 도르프는 정치에 대해 배우러 왔다고 했어. 그럼 역시 나한테 맡겨야지!"

대표 역시 지지 않고 나섰다.

도르프는 서로 도와주겠다는 아이들의 다툼이 싫지는 않았다. 하지만 바로 그 순간, 자신에게 큰 문제가 있다는 걸 깨달았다. 그건 바로 다음 임무가 무엇인지 모른다는 것! 통신 장비가 고장 나서 더 이상 데모스와 연락할 수 없는 상황이었던 것이다.

"그런데 얘들아, 어떡하지? 나, 다음 임무가 뭔지 몰라."

도르프의 말에 대표는 금세 실망스러운 표정이 되었다. 마치 실력 발휘를 할 기회를 놓쳐 아쉽다는 듯 말이다.

하지만 명탐정을 자처하는 빛나는 달랐다.

"당황할 거 없어요. 다음 임무가 무엇일지 제가 추리해 볼게요."

빛나는 이마를 살짝 찌푸리며 골똘히 생각에 잠기더니 곧 손뼉을 크게 치며 대표에게 외쳤다.

"대표야, 다음 임무는 지구에서 민주주의가 처음 시작된 곳을 찾으라는 거 아닐까? 민주주의가 무슨 뜻인지 알아보는 게 첫 번째 임무였으니, 그다음은 민주주의가 언제, 어디서, 어떻게 시작되었는지 알아봐야 할 거 같아."

"오, 훌륭한 추리인데! 맞아. 내가 얼마 전에 읽은 책에서 민주주의에 대해 자세히 설명하고 있었는데 말이야, 그 책의 차례를 보면 민주주의의 뜻, 민주주의의 유래와 역사……."

대표가 다시 생기를 띠고 떠들기 시작했다. 도르프는 대표의 말을 중간에 끊고 다급하게 물었다.

"대표야! 어려운 말은 그만하고, 네가 보기에도 빛나의 추리가 맞는 것 같니?"

"뭐, 그게 다음 임무가 아니면 어때요? 어차피 아저씨는 지구의 민주주의에 대해 알아보러 왔잖아요. 그럼 당연히 민주주의가 처음 시작된 곳부터 살펴봐야죠. 다음 임무가 뭔지 모른다고 통신 장비를 고칠 때까지 우리랑 놀고만 있을 수도 없잖아요?"

"애고, 나도 우리 별에서는 말 잘하기로 소문났는데 너는 못 이기겠구나. 네 말이 맞다."

"그럼요! 달리 제가 전교 어린이 회장이 되었을까요. 하하하!"

이때 빛나가 갑자기 끼어들었다.

"한대표! 잘난 척 좀 그만하고, 너 민주주의가 시작된 곳이 어딘지는 알기나 해?"

"두말하면 잔소리! 민주주의가 처음 시작된 곳은 고대 그리스의 아테네야."

"흠, 허풍만 치는 건 아니군. 그럼 언제 시작되었는지도 알아?"

대표는 다시 한번 거만한 목소리로 대답했다.

"음, 그러니까 기원전 5세기. 지금부터 약 2500년 전이지."

"오! 지구에서는 그렇게 오래전에 민주주의가 시작된 거야? 정말 놀라운데……. 대표야, 좀 더 자세히 이야기해 봐."

"고대 그리스 아테네에서는 오늘날과 달리 직접 민주주의가 이루어졌어요. 그리고 민주주의를 꽃피운 대표적인 지도자로는 페리클레스가 있지요."

귀를 기울여 듣고 있던 도르프가 물었다.

"직접 민주주의? 왜 민주주의 앞에 '직접'이라는 말이 붙지?"

"음, 그건 나라 정치에 모든 국민이 직접 참여하는 민주주의라는 뜻이에요."

"그래? 어떻게 직접 참여한다는 거지?"

"윽! 저도 아직 거기까진 모르겠어요. 이럴 줄 알았으면 더 열심히 공부하는 건데."

"한대표! 너 정치 박사라고 그렇게 잘난 척하더니 겨우 그 정도야? 이거 내가 그리스에 갈 수만 있으면 금방 알아낼 수 있는데. 나 같은 탐정에게는 현장이 중요하거든."

도르프의 질문에 대표가 쩔쩔매는 모습을 보며 빛나는 마치 자신이 돋보일 기회라도 되는 듯 좋아했다. '뭐, 설마 진짜로 그리스에 갈 수 있겠어?' 하는 생각을 마음속으로 하면서 말이다.

그때였다. 도르프가 눈을 반짝이며 빛나에게 물었다.

"정말이야? 그리스에 가기만 하면 내 궁금증을 해결해 줄 수 있어?"

"예? 아, 뭐, 갈 수만 있으면 제가 해결할 수 있죠. 그런데 그리스는 우리나라랑 엄청 멀리 떨어져 있는데 어떻게 가요? 아저씨가 타고 온 우주선은 고장 난 거 같던데."

"아냐, 통신 기능에만 문제가 있지, 다른 건 다 괜찮아. 타임머신 기능도 이상 없는걸."

이 말을 듣자마자 대표가 흥분해서 외쳤다.

"그걸 왜 지금 이야기해요? 그럼 빨리 페리클레스가 살았던 시대의 아테네로 가요!"

"앗, 내가 먼저 이야기하려고 했는데, 너 왜 새치기하니?"

자기가 할 말을 빼앗겨서 심술이 난 빛나가 톡 쏘아붙였다.

"애들아, 그만 다투고 우리 얼른 우주선을 타고 아테네로 가자."

도르프는 아이들을 데리고 우주선으로 들어간 뒤 능숙하게 계기판을 조작했다. 잠시 후 안내 메시지가 들렸다.

"시간 여행 시작 5분 전. 먼저 시간 여행복을 착용하시기 바랍니다."

도르프는 어느새 옷을 갈아입고 마치 우주복처럼 생긴 옷을 아이들에게 나누어 주었다. 시간 여행복을 입으면 어느 시대로 가건 그 시대에 맞는 옷차림으로 변한다는 친절한 설명도 덧붙였다. 옷을 다 갈아입자 다른 메시지가 흘러나왔다.

"시간 여행 시작 1분 전. 좌석에 앉아 안전띠를 매 주십시오."

드디어 카운트다운이 시작됐다.

"고대 그리스 아테네에서 페리클레스를 만나기 위한 시간 여행을 시작합니다. 10, 9, 8, 7, 6, 5, 4, 3, 2, 1, 출발!"

대표와 빛나는 '출발'이라는 소리가 떨어지자 엄청난 충격을 예상하며 두 눈을 질끈 감았다. 어디선가 보았던 우주선 발사 장면을 떠올리면서 말이다. 하지만 이게 웬걸? 몸이 약간 공중에 뜬 느낌이 들 뿐 충격 같은 건 없었다. 그러다가 갑자기 눈앞이 하얗게 변하더니 속이 울렁거리기 시작했다.

"도르프, 속이 울렁거려요!"

"아, 시간 터널을 지나면서 멀미를 하는 모양이구나. 조금만 참아. 이

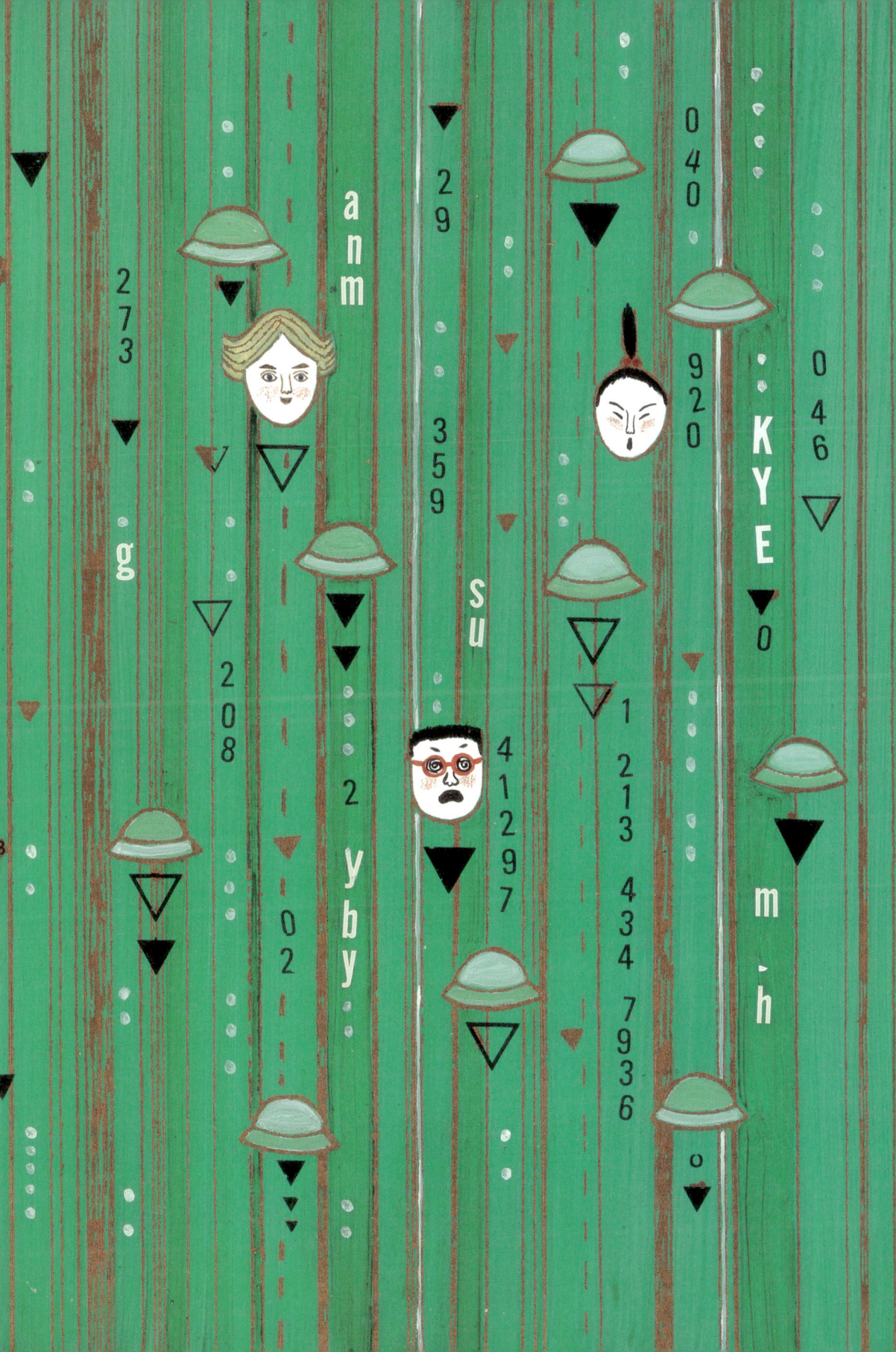

제 거의 다 왔어."

아이들은 힘겨운 목소리로 도르프에게 도움을 청했다.

"으으으, 더 이상 못 참겠어요. 비닐봉지라도 좀 주세요."

"미안, 시간 여행 중에는 자리에서 벗어나면 안 돼."

이때 약간의 충격과 함께 반가운 메시지가 들렸다.

"시간 여행 목적지에 도착했습니다. 안전띠를 풀고 내리셔도 좋습니다. 즐거운 여행 되십시오."

도착과 함께 아이들의 울렁증도 사라졌다. 다시 기운이 난 빛나가 큰 소리로 도르프에게 따지기 시작했다.

"도르프, 멀미 이야기는 왜 미리 안 했어요? 큰일 날 뻔했잖아요!"

"미안 미안, 난 너희들이 그렇게 약할 줄 몰랐어. 우리 별에서는 타임머신을 탈 때 멀미를 하는 건 세 살 이하의 꼬마들뿐이거든."

"뭐라고요?"

빛나가 잔뜩 토라진 목소리로 말했다. 그때였다. 가장 먼저 우주선 밖으로 나간 대표가 갑자기 소리를 질렀다.

"싸우지 말고 얼른 나와 봐! 우리가 정말 그리스 아테네로 왔나 봐!"

정말이었다. 타임머신이 도착한 곳은 아테네의 가장 높은 언덕에 있는 아크로폴리스였다. 다행히도 구석진 곳에 착륙한 덕분에 우주선을 본 사람은 없는 것 같았다.

빛나가 주위를 둘러보며 말했다.

"우아, 이거 꿈은 아니겠지? 그런데 어째 사진으로 봤던 아테네 풍경하고는 다른걸."

"당연히 과거로 왔으니까 그렇지. 얘들아, 이러고 있을 시간이 없어. 빨리 페리클레스를 찾으러 가야지. 그런데 어떻게 찾지?"

시간 여행이 처음이라 모든 게 어리둥절하고 신기하기만 한 아이들과 달리 도르프는 임무 생각에 마음이 급했다. 사실 지금은 임무가 뭔지도 모르는 상황이긴 하지만 말이다.

"그건 제게 맡겨요. 대표야, 페리클레스는 아테네의 지도자라고 했지? 그럼 아무한테나 물어봐도 알 수 있을 거야. 날 따라와요."

빛나는 말릴 틈도 없이 사람들이 있는 곳으로 뛰어가 버렸다. 도르프는 얼른 우주선을 투명 모드로 바꾸고 대표와 함께 빛나의 뒤를 쫓았다. 어느새 이들의 차림새는 아테네 사람들과 똑같이 바뀌어 있었다.

빛나는 그새 한 사내아이를 붙잡고 손짓 발짓을 섞어 가며 페리클레스를 어디에 가면 만날 수 있느냐고 물었다. 아이는 '이건 도대체 어느 나라 말이지?' 하는 표정이긴 했지만, 유심히 빛나의 말을 듣고 있었다. 아테네는 지중해와 에게해를 통해 활발히 무역을 펼치던 도시 국가였으니 외국인을 만나는 것은 흔한 일이었다. 아이는 다행히 '페리클레스'라는 단어를 알아듣고 빛나에게 뭐라고 설명을 했지만, 빛나는 도통 알아들을 수가 없었다.

빛나는 도르프를 향해 소리를 질렀다.

"도르프, 왜 이렇게 굼떠요? 빨리 와 봐요!"

헐레벌떡 뛰어온 도르프는 능숙한 그리스어로 어디로 가면 페리클레스를 만날 수 있는지 물었다. 언어의 천재 도르프의 실력이 발휘되는 순간이었다. 도르프는 이제부터 통역이라면 자기에게 맡기라며 자신만만한 표정을 지었다.

"지금 프닉스 언덕에서 민회가 열리고 있어. 그곳에 가면 페리클레스 님을 만날 수 있지."

아이의 대답을 들은 도르프는 바로 질문에 들어갔다.

"민회? 그게 뭐지?"

"너희들, 도대체 어디서 온 거야? 우리 아테네의 자랑인 민회를 모르다니."

아이는 수상하다는 듯 말했다. 이때 대표가 나섰다.

"아, 알고 있어. 모든 시민이 한자리에 모여 나라의 중요한 일을 결정하는 회의잖아. 그걸 모를 리가 있겠어?"

대표의 대답에 아이는 의심을 푼 표정으로 말을 이어 나갔다.

"맞아. 아테네 시민이라면 누구나 평등하게 민회에 참석해 아테네의 운명을 직접 결정할 수 있어. 오늘도 페르시아와 평화 조약을 맺느냐 마느냐를 놓고 민회가 열렸거든."

빛나가 말했다.

"얘, 우릴 민회가 열리는 프닉스 언덕으로 안내해 줄래?"

"그래, 나도 구경 가는 길이었으니 함께 가자."

도르프 일행은 아이를 따라 프닉스 언덕으로 향했다. 프닉스 언덕에서는 이미 민회가 시작된 참이었다. 연단에서는 누군가가 열띤 목소리로 이야기를 하고 있었고, 1만 명이 훨씬 넘는 사람들이 그의 목소리에 귀를 기울이고 있었다. 연설을 하고 있는 사람은 바로 도르프와 아이들이 찾던 페리클레스였다.

"이 자리에 모인 위대한 아테네 시민 여러분, 우리는 그동안 50년 가까이 페르시아와 맞서 싸우며, 페르시아 전쟁을 승리로 이끌었습니다. 하지만 아직 평화가 온 것은 아닙니다. 우리 아네테가 전쟁에서 이기긴 했지만, 페르시아는 언제든 우리를 공격할 수 있는 강대국입니다. 그래서 저는 페르시아와 평화 조약을 맺을 것을 제안합니다. 이제 우리는 싸움을 멈추고 평화의 시대를 열어야 합니다. 그리고 전쟁의 상처가 남아 있는 아테네를 다시 일으켜 세워야 합니다!"

페리클레스의 말이 끝나자 곧바로 반대 의견을 가진 사람이 나섰다.

"페르시아는 우리 아테네는 물론 그리스의 형제 국가들을 위협하던 원수가 아닙니까? 그들과 평화 조약을 맺다니 말도 안 됩니다! 그건 페르시아와의 전쟁에서 희생된 아테네 사람들을 욕보이는 일입니다."

민회에 모인 시민들은 이제 연단에 나와 자유롭게 자신의 의견을 밝혔고, 찬성이냐 반대냐를 놓고 열띤 토론을 벌였다. 시간이 얼마나 흘렀을까? 드디어 결정의 시간이 되었다. 민회에 모인 시민들에게는 각자 1인 1표의 권리가 있었고, 손을 들어 찬성인지 반대인지를 표시했다. 숫

자를 헤아린 뒤 곧 투표 결과가 발표되었다.

"오늘 이 자리에 아테네 시민 1만 2681명이 참석했습니다. 페르시아와의 평화 조약 체결에 대한 안건은 투표 결과 찬성 8405표, 반대 4221표, 기권 55표로 다수결의 원칙에 따라 통과되었음을 선포합니다."

내내 잠자코 민회를 지켜보던 도르프가 드디어 입을 열었다.

"다수결의 원칙? 그게 뭐야?"

도르프의 질문에 대표가 기다렸다는 듯 대답했다.

"좋은 질문이에요, 도르프! 다수결의 원칙이란 어떤 결정을 할 때 다수, 즉 많은 사람의 의견을 따르는 방법으로 민주주의의 기본 원칙 가운데 하나예요."

"오, 그럼 반대가 찬성보다 많았다면 평화 조약을 맺지 않는 쪽으로 결정했겠구나?"

"그렇죠! 도르프, 말만 잘하는 줄 알았는데 이해력도 빠른걸요."

빛나의 칭찬에 도르프는 으쓱해하며 말을 이었다.

"얘들아, 우리 별에서는 이런 건 꿈도 꿀 수 없는 일이야. 나라의 중요한 일은 오르시우스 13세가 다 결정하거든. 그런데 아테네 사람들은 나랏일을 놓고 직접 자기 의견을 밝히고, 스스로 결정하다니 정말 대단하다! 부럽기도 하고 말이야."

바로 그때 대표가 이마를 탁 치며 말했다.

"맞아요! 그래서 직접 민주주의인 거예요. 아테네에서는 모든 시민이 민회에 참여해서 아테네의 중요한 문제를 직접 결정하잖아요. 하하하, 난 역시 정치 박사야!"

대표의 잘난 척에 빛나는 뽀로통한 표정으로 물었다.

"그럼 간접 민주주의는 무슨 뜻이야? 너, 그것도 알아?"

"음, 글쎄……."

대표가 쩔쩔매자 도르프가 기억을 더듬으며 말했다.

"내가 지구 언어를 열심히 공부한 기억으로는 말이야, '간접'은 중간에 뭔가 매개가 되는 사람이나 사물을 통해 맺어지는 관계를 뜻한다던데……."

빛나가 갑자기 큰 소리로 말했다.

"아하, 바로 그거야!"

"뭔데, 뭔데?"

"오늘날의 민주주의 국가에서는 국회 의원이나 대통령 같은 대표자를 국민이 뽑고, 그 대표자들이 정치를 하거든요. 국민들이 직접 정치를 하는 게 아니라, 국민이 뽑은 대표자가 국민들을 대신해서 정치를 하니까 바로 그게 간접 민주주의인 거죠!"

이번엔 대표가 벌레를 씹은 얼굴이 되었다. 하지만 둘의 경쟁에 상관없이 도르프는 흡족한 표정이었다. 민주주의에 대해 더 깊이 알게 되어 만족스러운 모양이었다.

바로 그때였다. 도르프가 차고 있는 손목시계에서 경보음이 울렸다.

"통신 장비 복구 완료! 우주선으로 즉시 귀환하라! 귀환하라!"

"야호, 다행이야! 이제 데모스와 연락할 수 있겠

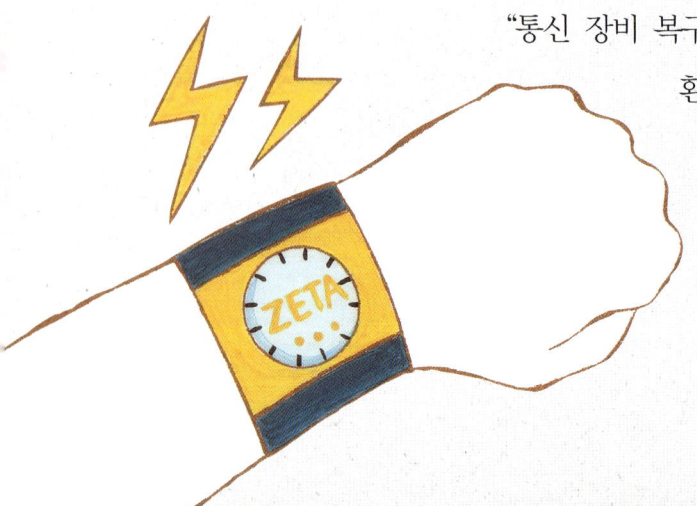

는걸. 데모스가 어떤 임무를 내릴지 궁금한데……."

도르프는 얼른 아이들을 데리고 우주선을 숨겨 둔 쪽으로 걸음을 재촉했다.

"아, 이번 기회에 페리클레스 사인이라도 받았어야 하는데……."

"사인으론 부족해. 기념 사진도 찍고 인터뷰도 해야 했는데 말이야."

대표와 빛나는 마지못해 도르프의 뒤를 따르면서도 계속 투덜거렸다.

"얘들아, 그래도 내 덕분에 페리클레스의 연설을 직접 듣지 않았니? 이번엔 그걸로 만족하렴."

이런 이야기를 나누며 걷다 보니 어느새 우주선이 있는 곳에 도착했다. 우주선 안으로 들어가자 화면이 켜지면서 누군가 나타났다.

"도르프, 왜 이렇게 연락이 안 됐나?"

"죄송합니다, 데모스. 통신 장비가 고장 나는 바람에……."

"그 뒤에 서 있는 두 꼬마는 누군가?"

"아, 저를 도와주는 지구 아이들입니다."

"오, 역시 사교성이 뛰어나군. 그새 친구를 사귀다니. 그건 그렇고 민주주의의 뜻은 알아냈나?"

데모스의 질문에 도르프는 자신만만하게 대답했다.

"물론이지요. 민주주의는 국가의 주인이 국민이며, 국민에 의해 정치가 이루어지는 제도를 말합니다."

"오, 그래? 국민이 나라의 주인이며, 국민에 의해 정치가 이루어진다고? 정말 그런 일이 가능한가?"

"네, 물론입니다."

"그래도 잘 믿어지지 않는군. 우리 별과는 너무 다른 이야기라서 말이야."

"저도 처음에는 깜짝 놀랐습니다."

"그렇다면 지구에서 처음 민주주의를 시작한 곳은 어디인가? 참 궁금하군. 그곳에서는 정치가 어떻게 이루어졌는지도 궁금하고 말이야. 그래, 다음 임무는 바로 그걸세."

"정말요?"

데모스와 외계어로 이야기를 나누던 도르프는 갑자기 대표와 빛나를 향해 소리를 질렀다.

"우아! 얘들아, 너희들 예상이 맞았어!"

"뭐가요, 도르프?"

"다음 임무 말이야. 다음 임무가 너희들이 말했던 대로 민주주의가 처음 시작된 곳을 찾아보라는 거야!"

"호호호. 거봐요, 제가 뭐랬어요."

빛나는 다시 우쭐댔고, 대표는 내심 못마땅한 표정을 지었다.

"그러게 말이야. 빛나랑 대표랑 정말 큰 도움이 됐는걸. 조금만 더 기다려 줄래? 난 너희들이랑 아테네에서 보고 배운 걸 데모스한테 모두 전해야겠어."

도르프는 다시 외계어로 보고하기 시작했다. 도르프의 낭랑한 외계어 목소리는 마치 자장가처럼 들렸다. 결국 대표와 빛나는 우주선 한쪽에 앉아 잠이 들고 말았다.

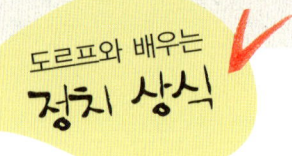

민주주의가 처음 시작된 곳, 아테네

민주주의는 고대 그리스의 도시 국가 아테네에서 처음 시작되었어. 아테네에서는 시민이라면 누구나 민회에 참석해 나랏일을 결정하고, 관리도 시민들 가운데 추첨으로 뽑았단다. 관리로 뽑힌 사람은 1년간 나랏일을 돌보았어. 이처럼 나랏일의 결정과 집행에 국민이 직접 참여하는 제도를 직접 민주주의라고 해.

그렇지만 아테네가 처음부터 민주 국가였던 것은 아니야. 처음에는 왕이 다스렸는데, 점점 귀족의 힘이 커지면서 귀족이 정치를 하게 되었어. 귀족들은 재산도 많고, 전쟁이 일어나면 기사로서 전쟁에 참여했기 때문에 많은 권력을 휘둘렀지. 그러다가 무역이나 수공업, 농업을 통해 부자가 된 평민이 늘어나고, 평민들도 전쟁에 참가하게 되면서 평민들이 힘을 얻게 되었어. 그에 따라 평민의 정치적 권리가 커지고 아테네에서 민주주의가 싹트게 된 거야.

페리클레스는 누구일까?

페리클레스는 아테네 민주주의를 전성기로 이끈 위대한 정치가란다. 페리클레스는 명문 귀족 출신이었지만, 평민 편에 서서 귀족들의 힘을 빼앗고 별다른 힘이 없던 민회의 권한을 강화했어. 전쟁처럼 중요한 일은 민회의 결정을 거치도록 하고, 관리도 시민들 가운데 추첨으로 뽑는 등 아테네 민주주의의 기초를 다졌지. 페리클레스는 관리로 뽑힌 사람이나 민회에 참가하는 사람에게 수당을 지급해 가난한 사람도 정치에 참여할 수 있도록 했어.

아테네 민주 정치와 오늘날 민주 정치의 차이점

아테네 민주 정치와 오늘날 민주 정치는 크게 두 가지가 달라. 우선 아테네에서는 직접 민주주의를 실시했지만, 오늘날 대부분의 민주 국가에서는 선거를 통해 뽑힌 사람들이 국민을 대신해 정치를 하는 간접 민주주의를 채택하고 있지. 둘째로, 아테네에서는 20세 이상의 남자 시민들만 정치에 참여하고 여자나 노예, 아버지가 아테네 시민이 아닌 사람은 참여할 수 없었어. 그래서 민회에 참여할 수 있는 시민은 아테네 전체 인구의 10% 정도에 불과했다고 해. 하지만 오늘날에는 성별과 신분에 관계없이 일정한 나이가 되면 누구나 정치에 참여할 수 있단다.

우리나라에도 직접 민주주의를 보장하는 제도가 있다고?

우리나라는 기본적으로 간접 민주주의를 채택하고 있지만, 직접 민주주의 제도도 일부 도입하고 있어. 바로 모든 국민이 투표를 통해 자신의 정치적 의사를 표현하는 국민 투표 제도란다. 헌법을 고치는 것처럼 중요한 문제는 국회의 의결을 거친 뒤 마지막에 국민 투표를 통해 국민의 의사를 물어 결정해. 또한 대통령이 필요하다고 인정할 때에는 외교, 국방, 통일, 기타 나라의 중요 정책을 국민 투표에 붙일 수 있어.

정치 토크 쇼 "이건 뭐?"

오늘의 주제 **다수결의 원칙과 소수 의견 존중**

🧑 도르프, 고대 그리스의 아테네 민회에서 나랏일을 결정할 때 어떤 원칙을 따랐는지 기억나요?

👦 벌써 잊어버렸을까 봐? 바로 다수결의 원칙이지. 그런데 민주주의에서 다수결로 결정하는 이유는 뭐야?

🧑 민주주의라는 말의 어원 속에 그 답이 있는데……. 도르프는 혹시 민주주의의 어원이 되었던 그리스어 '데모크라티아(demokratia)'가 무슨 말인지 알아요?

👦 그럼, 내가 그리스어를 얼마나 열심히 공부했는데. 데모크라티아는 '대중'을 뜻하는 demos와 '통치'를 뜻하는 kratos가 합쳐진 말이라고. 그러니까 민주주의는 문자 그대로 대중이 직접 통치한다는 말이지.

🧑 하하, 방금 도르프가 스스로 답을 내놓았네요. 민주주의가 바로 국민, 대중의 통치를 뜻하는 것이니, 당연히 의사 결정을 할 때에도 대중의 뜻을 따라야 하는 것이죠. 그런데 대중들의 뜻이 서로 다를 때에는 어떻게 하는 것이 좋을까요?

👦 그야 더 많은 사람들이 찬성하는 의견을 따라야겠지.

🧑 맞아요. 소수의 의견을 다수에게 강요하는 것보다는 다수의 의견을 따르는 게 좀 더 민주적이잖아요. 그게 더 많은 대중의 뜻에 따라 정치를 하는 것이니까요.

👦 아하, 그렇구나! 하지만 다수가 찬성하는 의견이라고 언제나 옳은 건 아니잖아? 또 다수의 의견이라는 이유로 잘못된 의견을 강요하는 경우도 생길 수 있고 말이야.

🧑 맞아요. 그래서 의사를 결정하는 과정에서 충분한 대화와 토론이 필요해요. 또한 누구나 자유롭게 자기 의견을 말할 수 있어야 하겠지요.

그렇지. 대화하고 토론하다 보면 의견 차이를 좁힐 수 있겠네. 그리고 또?

소수의 주장에도 귀를 기울여 존중하는 태도가 필요하고, 다수의 의견으로 결정되더라도 소수 의견을 참고해서 일을 해야죠.

결국 다수결의 원칙이 민주주의의 기본이긴 하지만, 소수의 의견도 존중하고 대화와 타협을 통해 서로의 의견 차이를 좁히는 게 중요하다는 말이구나.

그렇죠! 도르프, 이제 정치 잘하겠는데요?

의회 민주주의를
배우다

"얘들아, 이제 그만 일어나. 집에 가야지."

데모스에게 보고를 마친 도르프가 아이들을 깨웠다. 어느새 우주선은 다시 도르프가 처음 착륙했던 곳으로 돌아와 있었다. 아이들은 잠에서 깨자마자 다음 임무는 무엇이냐며 눈을 반짝였다.

"아이고, 너희들 정말 성격도 급하구나. 일단 데모스가 우리 별에서도 아테네처럼 직접 민주주의를 도입하기 위해 노력해 본다고 했어. 잘되어야 할 텐데……."

도르프는 살짝 걱정스러운 표정을 지었다. 빛나가 물었다.
"그럼 그동안 도르프는 어디서 지내죠?"
"음, 당분간은 우주선에서 지내면서 생각해 봐야지."
도르프의 대답에 대표가 자기 집에서 지내자고 제안했다. 부모님에게는 자기 학교를 방문한 외국인 선생님이라고 소개하면 문제없다는 것이다. 대표는 도르프가 자기 집에 머무는 대신 외국어를 가르쳐 주기로 했다고 말하면 부모님도 대찬성일 거라고 자신만만이었다.
결국 도르프는 사람이 잘 다니지 않는 곳에 우주선을 숨긴 뒤, 대표의 집으로 향했다. 다행히 대표의 부모님은 도르프를 반겨 주었다. 사실 생긴 건 좀 이상하지만 도르프가 세계 여러 나라의 말을 자유자재로 할 수 있는 '외국인'이라는 것은 의심할 여지가 없어 보였다.
대표의 집에서 지내는 동안 도르프는 텔레비전을 즐겨 봤다. 텔레비전은 지구인들의 생활과 문화를 익히는 데 아주 그만이었다. 텔레비전 프로그램 중에서도 도르프가 즐겨 보는 것은 바로 9시 뉴스! 그날그날 지구 곳곳에서 일어나는 일들을 편하게 살펴볼 수 있기 때문이었다.
그러던 어느 날, 뉴스를 보던 도르프가 대표에게 물었다.
"대표야, 내가 궁금한 게 있는데……."
"뭔데요? 뭐든지 물어보세요. 척척박사 한대표 아닙니까!"
"뉴스를 보면 국회 의원이라는 사람들이 국회에서 만날 싸우는 장면이 나오는데 말이야. 국회 의원은 국민이 뽑은 국민의 대표라고 하지 않았어? 그런데 왜 만날 싸우는 거야? 사실은 국민들이 자기들을 대신해 싸우라고 뽑은 대표인 건가?"

"휴, 우리나라 국회 의원들이 서로 싸우는 모습만 보여 주었나 보네요. 국민을 위해 열심히 일하는 국회 의원들도 많은데……. 도르프 말대로 국회 의원은 국민에 의해 선출된 대표들이고요, 국회는 의회라고도 하는데 국회 의원들이 모여서 법률을 만드는 곳이에요. 법은 국민이라면 누구나 지켜야 하는 약속이니까 국민의 대표인 국회 의원들이 만드는 거죠. 그리고 국민을 대신해 나랏일을 살피고 감시할 뿐 아니라, 나라의 중요한 문제에 대해 회의를 열고 의논하여 결정해요. 그런데 국회 의원 한 사람 한 사람을 전 국민이 뽑는 게 아니라 지역을 나누어 뽑거든요. 그래서 국회 의원들은 자기를 뽑아 준 지역의 입장과 이익을 우선 생각할 수밖에 없어요. 또 각자 속한 정당에 따라 입장이 달라지기도 하고요. 그러다 보니 국회 의원들 사이에 다툼이 생기기도 하는 거예요."

대표의 대답에는 막힘이 없었다. 지난번 아테네 시간 여행 이후 정치 공부를 엄청나게 많이 한 덕분이었다.

"백문이 불여일견! 제 설명을 백 번 듣는 것보다 국회에서 무슨 일을 하는지 한 번이라도 직접 보는 게 훨씬 나아요."

대표의 말에 도르프는 귀를 쫑긋 세우고 물었다.

"국회에서 무슨 일을 하는지 지금 당장 볼 수 있어?"

"그럼요. 국회에서 회의하는 걸 인터넷으로 방송해 주거든요."

"와! 정말 그런 게 있어? 그럼 어서 보여 줘."

대표는 도르프에게 국회의 인터넷 방송을 찾아 보여 주었다. 커다란 반원 모양의 국회 본회의장에 많은 국회 의원들이 앉아 있었고, 가운데 단상에는 한 명이 나와 새로운 법안에 대한 자신의 의견을 이야기했다. 곧이어 다른 국회 의원이 나와 이번에는 반대 의견을 발표했다. 몇 번의 토론이 이어지더니 표결에 들어갔고, 과반수 찬성으로 새로운 법안이 통과되었다.

방송을 다 본 도르프는 정말 궁금하다는 듯 물었다.

"음, 이거 그리스 아테네의 민회랑 비슷하네. 그런데 민회하고는 뭐가 다른 거야?"

"민회에는 아테네 시민들이 모두 회의에 참여했지요? 그래서 아테네 민주주의는 직접 민주주의라고 했고요."

"그렇지."

"국회는 모든 국민이 참여하는 게 아니라, 국민의 대표인 국회 의원을 뽑고 그들이 국민 대신 참여한다는 게 달라요."

"왜 대한민국은 아테네처럼 직접 민주주의를 하지 않고 대표를 뽑아서 정치를 하는 거야? 직접 민주주의가 더 좋은 거 아니었어?"

바로 그때였다. 도르프의 손목시계에서 요란하게 경보가 울렸다.

"앗! 데모스의 호출이다. 얼른 우주선으로 가 봐야겠어."

"그럼 전 빛나를 불러올게요. 우주선을 숨긴 곳에서 만나요, 도르프!"

도르프는 얼른 우주선으로 향했고, 대표는 빛나의 집으로 뛰어갔다.

잠시 후 대표와 빛나가 우주선에 도착해 보니, 도르프의 표정이 어두웠다. 눈치 빠른 빛나가 조심스럽게 물었다.

"도르프, 무슨 일이에요? 혹시 안 좋은 일이라도……."

"우리 별에서 직접 민주주의를 도입하려는 시도가 실패했대. 우리 별에선 불가능한 이야기라고 모두들 콧방귀를 뀌었다는구나."

"왜요?"

"우리 제타 행성 인구가 1000만 명이 넘거든. 어떻게 그 많은 사람들이 다 모여서 회의를 하고 나랏일을 결정하느냐고 다들 말도 안 된다고 그런다는 거야."

대표가 다시 잘난 척하며 나섰다.

"그럼 다음 임무는 도르프의 별에서 민주 정치가 가능한 방법을 찾아보라는 거겠네요."

도르프는 깜짝 놀라 물었다.

"맞아! 그걸 어떻게 알았지?"

"아까 도르프가 우리 집에서 직접 민주주의가 더 좋은데 왜 우리나라는 그렇게 하지 않고 대표를 뽑아서 정치를 하느냐고 물었잖아요. 바로 거기에 실마리가 있었죠."

"실마리? 이건 명탐정인 내가 가장 좋아하는 단어인데……. 한대표, 잠깐 가만히 있어 봐. 나도 알 거 같아."

대표의 잘난 척을 지켜보던 빛나가 자기도 실력 발휘를 해야겠다는 듯 끼어들었다.

"그러니까 우리나라에서 대표를 뽑아 정치를 하는 이유가 도르프의 별에서 직접 민주주의를 도입하지 못한 이유와 같다는 거잖아. 그렇다면 많은 인구 때문이 아닐까?"

대표가 거들먹거리며 말했다.

"오, 왕빛나! 공부는 잘 못하지만 찍는 거 하나는 잘하는구나."

도르프는 간절한 표정으로 물었다.

"대표야, 나한테 알기 쉽게 설명 좀 해 봐."

"직접 민주주의는 그리스의 아테네처럼 인구가 적고 좁은 지역에서만 가능한 거예요. 도르프의 별이나 우리나라처럼 인구가 많고 넓은 곳에서는 현실적으로 불가능하죠. 그 많은 사람들이 한날한시에 한자리에 모인다는 것부터가 무리잖아요. 또 다 같이 모인다 한들 어떻게 회의가 되겠어요? 게다가 오늘날의 국가들은 복잡한 기능을 가지고 있어서 그에 대해 일일이 국민들이 의논하기도 어렵고요. 그래서 우리나라처럼 국민의 대표를 뽑아 그 대표들이 정치를 하는 나라가 많은 거예요."

"음, 그럼 우리 별에서도 대표를 뽑고, 그 대표들이 나랏일을 결정하도록 해야겠구나."

"그렇죠."

빛나가 아쉬운 듯 말했다.

"뭐야? 그럼 임무가 벌써 해결된 거야? 너무 시시한데……."

"아니야, 얘들아. 임무가 하나 더 있어."

"뭔데요? 빨리빨리 말해 보세요."

빛나가 도르프를 다그쳤다.

"민주주의라는 말만 나와도 오르시우스 13세가 탄압을 한다는데, 왕이 있는 나라에서는 민주주의가 불가능한 거니? 데모스가 그것도 알아보라고 했어."

"아니에요. 민주 정치를 하는 나라들 중에 왕이 있는 나라도 있어요. 그렇지, 대표야?"

도르프의 질문에 냉큼 대답한 빛나가 자기 말에 확인을 받고 싶은지 대표를 쳐다보며 물었다.

"물론이지. 의회 민주주의의 원조라고 하는 영국을 비롯해 오늘날에도 왕이 있는 나라가 20개가 넘어. 그런 나라들 대부분은 왕이 옛날처럼 제멋대로 나라를 다스리지 못하고, 국민들의 대표로 이루어진 의회가 나라를 이끌어 가는걸."

대표의 막힘없는 설명에 도르프와 빛나는 감탄하고 말았다.

"영국이 의회 민주주의의 원조라고? 그리고 왕은 있지만 의회가 나라를 이끌어 간다고? 어떻게 그런 일이 일어났을까?"

도르프의 질문에 빛나는 답답하다는 듯 말했다.

"뭘 고민해요! 빨리 타임머신을 타고 영국 왕이 의회 민주주의를 받아들였던 때로 가면 되죠!"

"좋았어!"

도르프는 금세 우주선의 타임머신 기능을 작동시켰고, 잠시 후 카운트다운이 시작됐다.

"영국에서 의회가 중심이 되어 민주 정치가 시작된 현장을 보기 위해 시간 여행을 시작합니다. 10, 9, 8, 7, 6, 5, 4, 3, 2, 1, 출발!"

시간 터널을 지나는 동안 대표와 빛나는 속이 메슥거렸지만, 처음보다는 훨씬 견딜 만했다. 얼마 지나지 않아 약간의 충격과 함께 도착을 알리는 메시지가 나왔다.

"시간 여행 목적지에 도착했습니다. 1689년 2월 13일, 영국 런던의 웨스트민스터 궁전입니다. 즐거운 여행 되십시오."

우주선 밖으로 나온 도르프 일행은 우선 우주선을 감추고 주위를 살폈다. 커다란 궁전 앞으로 넓은 강이 흐르고 있었다.

갑자기 빛나가 들뜬 목소리로 떠들었다.

"아까 런던의 웨스트민스터 궁전이라고 했지? 그렇다면 이 강은 템스강이야. 이 궁전이 바로 의회가 열리던 곳이고!"

대표가 못 믿겠다는 표정을 지으며 물었다.

"정말이야? 네가 그걸 어떻게 알아?"

"명탐정 셜록 홈스의 무대가 바로 런던이잖아! 그래서 내가 런던에 대해서는 좀 알지. 런던하면 템스강, 템스강 가에 있는 가장 유명한 건물이 바로 영국의 국회 의사당인 웨스트민스터 궁전이야!"

"빛나야, 잘난 척은 이제 그만하고 이곳에서 무슨 일이 일어나고 있는지 얼른 보러 가자."

도르프 일행은 서둘러 궁전으로 향했다. 중간에 경비대를 만나자 도르프는 뛰어난 말솜씨로 경비대장의 호감을 사고는 궁금한 것을 이것저것 물어보았다.

"오늘 이곳에서 무슨 일이 있나요?"

"의회에서 새로운 국왕을 추대하고, 새 국왕에게 중요한 선언문을 바치기로 되어 있소."

"선언문요? 무슨 내용인가요?"

"조금 있으면 행사가 시작될 테니 직접 지켜보시오."

경비대장은 친절하게도 도르프 일행을 궁전 안으로 안내해 주었다. 넓은 실내의 맨 안쪽 중앙에는 젊은 부부가 앉아 있었다.

"저분들이 바로 새로 국왕이 되시는 메리 2세와 윌리엄 3세 부부시오. 의회와 맞서다가 외국으로 도망친 국왕 제임스 2세의 딸과 사위이지."

친절한 경비대장은 도르프가 묻지 않아도 알아서 설명을 해 주었다. 잠시 후 의원 대표가 왕관과 함께 선언문을 들고 나와 읽기 시작했다.

"오늘 이 자리에 모인 의원들은 우리 영국 국민의 모든 신분을 대표하여 두 분을 새로운 국왕으로 모시며 다음과 같은 선언문을 바칩니다. 선왕 제임스 2세는 우리나라의 법률과 자유를 파괴하고 말살하려 하였습니다. 제임스 2세의 불법 행위를 나열하자면 첫째, 의회의 동의 없이 법률을 무시하고 마음대로 법 집행을 정지시켰습니다. 둘째, 국왕에 반대한 성직자들을 감옥에 가두었습니다. 셋째……."

이렇게 제임스 2세의 잘못을 조목조목 밝히더니 그다음에는 국민의 자유와 권리에 대한 내용을 읽어 나갔다. 한동안 지켜보기만 하던 빛나가 지루해졌는지 대표에게 물었다.

"대표야, 선언문이 너무 긴데 네가 요점 정리 좀 해 줘."

"하하, 역시 나밖에 없지? 이제부터는 아무리 왕이라도 의회의 동의 없이는 법률을 정지시키거나 무효로 할 수 없대. 그리고 의회의 동의 없이 왕이 마음대로 세금을 거두어들이거나 군대를 모집하고 유지하는 것도 불법이래. 의원을 뽑는 선거는 자유롭게 실시되어야 하고, 의회에서는 무슨 말이든 마음대로 할 수 있는 언론의 자유를 보장한대."

근심스러운 표정으로 도르프가 물었다.

"왕이 제멋대로 권력을 휘두르지 못하도록 제한하고, 의회나 국민의 권리와 자유를 보장하자는 내용인데 과연 이걸 왕이 받아들일까?"

도르프의 질문에 빛나는 1초도 고민하지 않고 자신만만한 표정으로 말했다.

"그럼요. 받아들일 수밖에 없을걸요?"

바로 그때였다. 선언문을 전달받은 윌리엄 3세가 문서에 서명을 했다.

도르프로서는 믿을 수 없는 장면이었다. 그리고 빛나가 어떻게 맞혔을까도 궁금해졌다.

"메리 2세와 윌리엄 3세는 영국 의회와 국민들의 지지를 받아 왕위에 올랐으니, 아무리 왕이라도 의회에서 요구하는 것을 받아들일 수밖에 없죠. 그렇지 않겠어요?"

"오, 나라를 다스리는 힘이 국왕 한 사람에게서 국민의 대표로 이루어진 의회로 넘어오는 현장에 우리가 있는 거구나. 국왕이 국민들의 요구를 받아들일 수밖에 없도록 국민들이 힘을 모은다면, 왕이 있다고 해서 민주주의가 불가능한 게 아니었어. 우리에게도 희망이 보이는걸."

두 번째 임무를 모두 완수했다는 생각에 도르프는 들떠 있었다. 도르프는 빛나와 대표를 이끌고 냉큼 궁전 밖으로 나와 다시 우주선으로 향했다.

"이왕 시간 여행 온 김에 좀 더 구경하다 가요!"

빛나와 대표가 칭얼거렸지만 도르프는 단호했다.

"안 돼! 얼른 내가 보고 들은 모든 것을 데모스에게 보고해야 해!"

우주선으로 먼저 돌아온 도르프는 금세 보고에 들어갔고, 아이들은 템스강 가에 앉아 저녁노을을 바라보며 바빴던 하루를 마무리했다.

도르프와 배우는
정치 상식

영국 의회 민주주의는 어떻게 시작되었을까?

영국에서 의회가 처음 생겨난 것은 13세기인데, 초기 의회는 왕이 필요할 때 여는 통치 기구 가운데 하나일 뿐이었어. 왕은 주로 세금이나 전쟁 비용을 더 거두기 위해 의회를 소집했지. 하지만 영국 의회는 의회의 권한을 차츰 키워 나갔단다. 결국 1688년 영국 의회는 명예혁명을 일으켜 국왕 제임스 2세를 몰아내고 그의 딸인 메리 2세와 사위 윌리엄 3세를 왕으로 앉혔어. 그러면서 왕권을 대폭 제한하고 의회의 권한을 규정하는 '권리 장전'에 대한 동의를 얻어 냈단다. 이로써 영국은 세계 최초로 의회가 이끄는 나라가 되었지. 그 후로 영국의 의회 정치는 발전을 거듭해 현대 의회 민주주의의 바탕이 되었단다.

왕과 의회가 공존하는 입헌 군주제

'왕은 군림하되 통치하지 않는다'는 말이 있어. 왕은 있지만 의회가 나라를 이끄는 영국의 정치를 잘 표현한 말이지. 영국처럼 군주(왕)의 권력이 의회와 헌법에 의해 제한을 받는 정치 체제를 입헌 군주제라고 해. 오늘날에는 영국을 비롯해 네덜란드, 노르웨이, 덴마크 등의 나라에서 입헌 군주제를 유지하고 있어. 입헌 군주제를 실시하는 대부분의 나라에서 왕이나 여왕은 나라를 대표하는 상징적 존재란다. 실질적으로 나라를 다스리는 일은 선거를 통해 뽑힌 총리가 하지. 우리나라와 미국 같은 나라는 이런 나라들과 달리 왕이 없고 대통령이 나라를 통치해.

여왕 　　　 총리

우리나라의 국회는 언제 시작되었을까?

우리나라에 국회가 처음 생겨난 것은 1948년이야. 1948년 5월 10일 국회 의원 총선거를 실시해 임기 2년의 국회 의원 198명을 선출했어. 국회 의원의 정원은 200명이었지만, 제주도의 선거가 미뤄져 1년 후에 2명의 국회 의원을 선출했지. 첫 국회는 대한민국의 헌법을 처음 만드는 일을 맡았기 때문에 '제헌 국회'라고도 해. 1948년 5월 31일, 역사적인 제헌 국회 개원식이 열렸어. 제헌 국회는 1948년 7월 1일 우리나라의 이름을 대한민국으로 정하고, 7월 17일 대한민국 헌법을 공포했어. 7월 17일을 제헌절로 부르는 이유를 이젠 알겠지? 이렇게 1948년 처음 시작된 우리나라 국회는 2020년에 21대 국회에 이르렀단다. 현재 국회 의원의 정원은 300명, 임기는 4년이야.

오늘날 민주 국가에서는 왜 대표를 뽑아 정치를 할까?

고대 그리스의 아테네에서는 모든 시민이 정치에 참여하는 직접 민주주의를 했지만, 오늘날에는 그렇게 하기가 어려워. 직접 민주주의는 아테네와 같이 인구가 적고 영토가 좁은 곳에서나 가능한 정치 제도이기 때문이야. 오늘날의 국가들은 인구가 많고 영토가 넓을 뿐 아니라 복잡한 기능도 가지고 있어서 모든 국민이 직접 정치에 참여한다는 것은 사실 불가능하거든. 그래서 선거를 통해 국민들이 직접 자신들의 대표자를 뽑고, 이렇게 선출된 대표자들이 국민의 뜻을 대표하여 정치를 한단다.

정치 토크 쇼
"이건 뭐?"

오늘의 주제 **국회 의원이 하는 일**

오늘은 국회 의원에 대해 본격적으로 이야기를 나누어 보죠.

그럼 먼저 국회 의원이 될 수 있는 자격에 대해 이야기해 볼까?

국회 의원이 되는 데 자격이 필요해? 아테네처럼 여자는 안 되는 건가?

하하, 성별이나 학력에는 제한이 없지만 나이는 상관이 있어요. 만 25세 이상이어야 국회 의원 후보로 출마할 수 있거든요.

아하, 그렇군. 그런데 국회 의원은 왕처럼 죽을 때까지 하는 건가?

그럴 리가요! 국회 의원의 임기는 4년이에요. 대신 지역 주민들이 다시 뽑아 주면 몇 번이고 다시 할 수 있죠.

다시 뽑히려면 국회 의원으로 있을 때 정치를 잘해야겠구나. 그런데 국회 의원은 무슨 일을 하지?

여러 가지 일을 하지요. 우선 국민 생활에 맞게 필요한 법을 새로 만들고 고치는 일을 해요. 이것이 국회 의원의 가장 중요한 역할이에요.

국회 의원들은 어떤 과정을 통해 법을 만드는 거야?

국회 의원 10명 이상이 법률안을 국회에 내면, 상임 위원회에서 꼭 필요한 법인지 검토해요. 상임 위원회를 통과한 법률안은 법제 사법 위원회를 거친 다음 국회 본회의에 오르지요. 그리고 본회의에서 국회 의원들의 투표를 거쳐요. 국회 의원의 정원이 300명인데, 절반 이상이 출석하여 출석 의원의 절반 이상이 찬성하면 법률안이 통과되지요. 본회의를 통과한 법률안은 대통령이 서명을 하면 법률로 공포돼요.

국회는 나라의 살림살이를 결정하는 재정에 관한 일도 해요. 정부에서 마련한 예산안을 심의해 매년 나라의 살림살이 계획을 결정하고, 정부에서 한 해 동안 어떻게 돈을 썼는지 심사하지요.

 음, 그것도 참 중요하겠어. 세금이야말로 나라 살림의 핵심이니까.

 재정에 대한 것뿐 아니라 정부에서 나랏일을 제대로 하는지 감시하고 잘못된 부분을 찾아내 고치도록 하는 것도 국회의 권한이에요. 또한 국군을 해외에 보내는 것처럼 중요한 결정을 할 때나 국무총리, 대법원장 등을 임명할 때는 대통령이 국회의 동의를 얻어야 해요.

그런데 도르프, 이렇게 국회가 정부를 견제하는 역할을 하는 게 민주 정치의 원리 가운데 어느 것에 해당하는지 알아요?

응? 또 복습인가? 감시와 견제라면, 권력 분립 아닐까?

딩동댕! 도르프, 실력이 많이 늘었네요. 오늘 이야기는 여기서 끝!

프랑스 혁명의
현장에 가다

우리는 국민들의 뜻을 무시하고 나라를 제 것인 듯 생각하는 오르시우스 13세에게 너무 오랫동안 시달려 왔다. 이에 반란군 대표인 나 데모스를 비롯한 반란군 전원은 다음과 같은 세 가지 사항을 오르시우스 13세에게 요구하는 바이다.

하나. 오르시우스 13세는 즉각 국민들의 대표로 구성된 의회를 만들고 의회를 통해 국민들이 정치에 참여할 수 있도록 하라!

하나. 오르시우스 13세는 앞으로 모든 일을 의회와 의논하여 결정하라! 만약 왕과 의회의 의견이 다를 경우, 왕은 국민 대표들의 모임인 의회의 의견을 우선해서 받아들여야 한다.

하나. 이러한 우리의 요구를 들어주지 못하겠다면, 당장 왕의 자리에서 내려와라!

오리온 성좌력 9871년 13월 52일

반란군 대표 데모스

제타 행성에서는 큰 소동이 일어나고 있었다. 의회 민주주의에 대한 도르프의 보고를 받은 데모스가 오르시우스를 상대로 의회 민주주의를 요구하고 나섰기 때문이다.

데모스의 반란군들은 인적이 드문 한밤중에 위와 같은 내용의 벽보를 거리 곳곳에 붙였고, 아침이 되면 많은 시민들이 벽보 앞에서 웅성웅성 이야기를 나누었다.

"국민들의 대표로 된 의회를 만들자고?"

"우리의 대표자로 구성된 의회가 있으면, 아무리 인구가 많아도 국민들의 뜻이 의회를 통해 정치에 반영될 수 있겠어. 이거 좋은 생각인데?"

"그런데 정치란 건 왕과 높으신 귀족들만 하는 거 아닌가? 우리 같은 평범한 국민들이 정치를 해도 되는 걸까?"

시민들이 반란군의 벽보를 보고 이런저런 이야기를 나누고 있는데, 갑자기 "삑!" 하는 호루라기 소리가 들렸다. 오르시우스 13세의 궁궐을 지키는 궁정 수비대 10여 명이 호루라기를 불며 달려오고 있었다.

"국왕 폐하의 명령이다! 앞으로 거리에 벽보를 붙이는 행위는 금지된다. 현명하신 폐하께서는 너도나도 벽에 벽보를 붙이게 되면 도시의 아름다움을 해친다 생각하시어, 오늘 아침 급하게 이와 같은 규칙을 새롭게 만드셨다! 앞으로 이와 같은 벽보를 발견하는 국민은 즉시 우리 궁정 수비대에게 신고해야 한다. 알겠나?"

험악하게 생긴 궁정 수비대 병사들은 사람들 사이를 비집고 들어가 데모스의 벽보를 뜯어 내 북북 찢어 버렸다. 궁정 수비대 병사의 거친 말과 행동에 겁을 먹은 사람들은 아무 일도 없었던 것처럼 뿔뿔이 흩어져 제 갈 길을 갔다.

한편, 오르시우스 13세는 자신의 왕궁인 '내가짱' 꼭대기에서 이러한 모습을 내려다보고 있었다. 오르시우스 13세는 벽보를 찢는 궁정 수비대의 모습을 만족스럽게 보다가, 갑자기 인상을 찌푸리며 탁자를 쾅 내리쳤다.

"내가 새 규칙을 만들어 벽보를 붙이지 못하도록 했지만, 그렇다고 데모스 반란군 놈들이 조용히 있지는 않을 거야. 계속해서 민주주의니 의회니 하면서 떠들어 댈 텐데, 어떡하지?"

오르시우스 13세는 잠시 생각에 잠겼다. 그리고 자신의 왕궁 바로 옆에 있는 거대한 감옥, '다가둬'를 바라보았다. 오르시우스의 악명 높은 궁정 감옥 '다가둬'에는 데모스 반란군 1만여 명과 데모스 반란군에 협조했거나 자신의 말을 듣지 않는 국민 5만여 명이 잡혀 있었다. 모두 오르시우스 13세가 왕위에 있는 동안 잡아들인 사람들이었다.

"그래, 반란군을 이끄는 데모스를 잡아서 '다가둬'에 가둬 버려야 해. 그래야 앞으로 민주주의니 의회니 하면서 나에게 덤비는 녀석들이 싹 사라질 거야. 암, 그렇고말고."

오르시우스 13세는 즉시 궁정 수비대장을 불

러서 명령을 내렸다.

"지금 즉시 반란군 우두머리 데모스를 체포하고 그를 따르는 반란군을 모두 잡아들여라! 그리고 앞으로 민주주의라는 말을 입 밖에 꺼내는 자는 모두 그 자리에서 체포될 것이라고 알려라!"

영국으로의 시간 여행을 마치고 집으로 돌아온 도르프와 빛나, 대표는 대표의 부모님과 함께 저녁 식사를 하고 있었다. 도르프를 외국인으로 알고 있는 대표의 어머니가 도르프를 위해 한국 음식을 한상 가득 차려 놓았다.

"여기 이 청국장 좀 드셔 보세요. 처음에는 냄새

가 좀 심하지만 일단 냄새에 익숙해지면 아주 맛있어요. 게다가 몸에도 정말 좋답니다."

"아, 네. 정말 희한한 빛깔의 음식이로군요. 흡!"

지독한 냄새에 깜짝 놀란 도르프가 코를 틀어막고 숟가락을 입으로 가져가려는 순간, 손목시계에서 경보가 울렸다.

"전화 받으세요!"

도르프는 대표의 부모에게 자기가 외계인이라는 사실을 들키지 않도록 미리 손목시계의 경보음을 지구인의 휴대 전화 벨 소리처럼 바꿔 두었다. 청국장을 먹어야 할 위기에 처해 있던 도르프는 이때다 싶어 얼른 숟가락을 내려놓고 앞마당으로 빠져나왔다. 다음 임무가 궁금했던 빛나와 대표도 도르프를 따라 나왔다.

"도르프, 다음 임무는 뭐래요?"

"빛나 넌 성격이 너무 급해. 나처럼 지긋이 기다릴 줄도 알아야지."

"쉿, 둘 다 조용히 해 봐. 소리가 잘 안 들려!"

손목시계의 통신 장치에서는 '삐이익' 하는 잡음만 나올 뿐, 아무런 목소리도 들리지 않았다. 몇 초쯤 지나자 데모스의 급박한 목소리가 갑자기 터져 나왔다.

"삐익, 이봐, 삐이익, 도르프. 내 말 들리나? 내 말이 들리면 삐이익, 어서 응답하게, 도르프. 삐이익!"

도르프는 데모스의 다급한 목소리에서 제타 행성에 뭔가 큰일이 생겼다는 걸 알 수 있었다.

"데모스, 무슨 일입니까? 어서 말씀하세요!"

"아, 도르프. 다행히 연락이 되었군. 지금 우리 반란군에 큰 위기가 닥쳤어. 오르시우스 13세가 궁정 수비대를 풀어서 우리 반란군을 모조리 잡아들이고 있네. 그동안 숨어 지내던 수백 명의 우리 동지들이 궁정 감옥 '다가둬'로 잡혀 들어갔어."

"그게 정말입니까? 데모스, 당신은 안전한가요?"

"아직까진 괜찮지만, 나도 언제 잡힐지 모르는 상황이야. 아, 그래도 낡은 통신기를 구해서 자네와 연락할 수 있어 다행이군. 언제 통신기가 다시 멈출지 모르지만 말이야."

"데모스, 제가 무엇을 해야 할지 어서 말씀하세요!"

"도르프, 자네는 민주주의를 거부하는 왕을 지구 사람들이 어떻게 쓰러뜨릴 수 있었는지 알아보게. 그리고 그 방법을 나에게 자세히 알려……. 삐이이이익!"

통신 장치에서는 더 이상 아무런 소리도 흘러나오지 않았다. 도르프는 충격을 받은 듯 잠시 멍한 상태로 통신 장치만 쳐다보고 있었다. 얼마 뒤 정신을 차리고 빛나와 대표에게 서둘러 자초지종을 설명했다.

이야기를 다 들은 대표가 도르프를 위로하려고 큰 소리로 말했다.

"도르프, 너무 걱정 마세요. 내가 있잖아요! 나만 믿어요."

"한대표, 지금 잘난 척할 때가 아니야. 서두르지 않으면 도르프의 친구들이 모두 잡혀가 버릴지도 모른다고!"

"잘난 척이 아니야. 나한테 정말 좋은 생각이 있다니까? 나처럼 아는 것이 많은 사람은 이런 상황에도 늘 침착하고 당당한 법이라고."

"됐고, 어서 그 좋은 생각이 뭔지나 말해 봐."

"내가 전에 책에서 본 적이 있는데, 옛날 프랑스에서는 시민들이 들고 일어나서 루이 16세라는 무능한 왕을 끌어내린 적이 있대. 그걸 프랑스 뭐라고 부르던데……."

"아, 맞아! 프랑스 혁명! 도르프, 프랑스 혁명이 일어났던 시대로 가면 고향의 친구들을 구할 방법을 찾을 수 있을지도 몰라요!"

"그래? 그럼 어서 우주선이 있는 곳으로 가자."

세 사람은 서둘러 우주선이 숨겨진 장소로 향했다. 도르프는 우주선의 전원을 켠 뒤에, 중앙 컴퓨터에 다음과 같이 명령했다.

"프랑스 혁명이 성공할 수 있었던 가장 결정적인 순간으로 떠난다. 정확한 시간과 장소는 인공 지능을 통해 스스로 결정하도록!"

"알겠습니다. 프랑스 혁명의 결정적 순간으로 시간 여행을 준비합니다. 도착 시간 및 목적지 확정을 위해 데이터 검색 중……. 삐삑, 완료되었습니다. 1789년 7월 14일 프랑스 파리의 바스티유 감옥 근처로 이동하겠습니다. 곧 카운트다운을 시작합니다. 서둘러 자리에 앉아 안전띠를 매 주시기 바랍니다."

"아, 이번에는 멀미 없이 갔으면 좋겠다."

빛나와 대표가 안전띠를 매며 한목소리로 투덜댔다.

"시간 여행 목적지에 도착했습니다. 1789년 7월 14일, 프랑스 파리의 바스티유 감옥 근처입니다. 즐거운 여행 되십시오."

우주선을 감춘 세 사람은 우선 바스티유 감옥으로 가려고 했다. 하지만 낯선 도시에 갑자기 떨어진 탓에 어디로 가야 할지 알 수가 없었다.

그래서 언어의 달인 도르프가 유창한 프랑스어로 주위 사람에게 바스티유 감옥이 어디인지 물어보려고 나섰다. 그런데 그때 갑자기 성난 파리 시민들이 거리 저편에서 소리를 지르며 달려왔다.

"바스티유 감옥의 외곽 성문이 열렸습니다! 시민 여러분, 어서 감옥으로 갑시다!"

그러자 주변에 있던 다른 사람들도 모두 그들과 함께 뛰어가기 시작했다. 이 장면을 본 빛나는 궁금증을 참지 못하고 도르프에게 물었다.

"저 사람들, 뭐라고 하는 거예요?"

"바스티유 감옥의 바깥쪽 성문이 열렸다고 하네. 그 소릴 듣더니만 다른 사람들도 덩달아 뛰어가고 있어."

"그럼 저 사람들을 쫓아가면 바스티유 감옥으로 갈 수 있다는 말이잖아요. 우리도 어서 가요!"

도르프 일행은 서둘러 사람들을 뒤쫓아 바스티유 감옥으로 향했다. 바스티유 감옥의 높은 성벽 앞에는 이미 수천 명의 사람들이 와글와글 모여 있었다. 그중에는 농부처럼 보이는 사람도 있었고, 상인이나 군인처럼 보이는 이들도 있었다. 도르프는 이들 중 아는 것이 많아 보이는 한 사람에게 다가가 말을 걸었다.

"저, 실례합니다. 궁금한 것이 있어서 그러는데요."

"오, 우리 혁명을 지지하는 외국인인가 보군. 내 이름은 카미유 데물랭이오. 원래 변호사이지만 지금은 이렇게 혁명에 나섰지."

"아, 저는 이곳에서 멀리 떨어진 나라에서 온 도르프라고 합니다. 그런데 왜 이렇게 많은 사람들이 이곳에 모여 있는 건가요?"

"아니, 그걸 몰라서 묻소? 우리의 뜻을 무시한 채, 귀족들과 성직자들과 손을 잡고 제멋대로 정치를 하고 있는 이 나라의 왕 루이 16세를 끌어내리기 위해서 모인 것 아니오?"

"어떻게 이렇게 많은 사람들이 그러한 생각에 동의하고 함께 싸울 수 있는 겁니까? 내가 사는 곳에서는 상상조차 하기 힘든 일이에요. 내 고향 사람들은 대부분 나라의 제일 윗사람인 왕을 끌어내리기 위해 싸운다는 걸 받아들이지 못하거든요."

데물랭은 혀를 끌끌 차며 안됐다는 듯 도르프를 쳐다보았다.

"당신 나라에는 아직 장 자크 루소 선생의 책이 소개되지 않은 모양이로군."

"짝짜꿍 루소요?"

"짝짜꿍 루소가 아니라 장 자크 루소!

우리 프랑스의 유명한 사상가이자 작가이시지. 그분이 말씀하시기를, 인간에게는 누구도 침해할 수 없는 기본적인 권리가 있다고 하셨소. 자신의 자유나 생명, 재산 같은 것이지. 그런데

누군가 이런 것을 빼앗거나 침해하려고 하면, 누구나 맞서 싸울 수 있는 권리가 있다는 거요. 설령 그 상대가 왕이라 해도 말이오. 우리는 이걸 '저항권'이라고 부른다오. 부당한 것에 맞서 싸울 수 있는 권리라는 뜻이지. 프랑스 시민들 사이에서는 이미 오래전부터 이러한 저항권에 대한 생각이 널리 퍼져 있었소. 그러니까 이렇게 많은 사람이 혁명에 동참할 수 있는 거라오."

도르프의 통역을 통해 두 사람의 대화를 전해 들은 대표가 갑자기 끼어들었다.

"그런데 제가 궁금한 것은 왜 하필 바스티유 감옥으로 사람들이 몰려가고 있느냐는 거예요."

그러자 데물랭은 대표의 머리를 쓰다듬으며 이렇게 말했다.

"그건 루이 16세가 오래전부터 자신에게 반대하는 국민들을 저 감옥에 가두고 괴롭혔기 때문이야. 우리에게는 루이 16세만큼이나 보기 싫은 건물이지. 그리고 이건 비밀인데……"

데물랭이 갑자기 목소리를 낮추며 작은 소리로 속삭였다.

"저 감옥에는 왕의 군대와 맞서 싸울 수 있을 정도의 무기가 보관되어 있다고 해. 그것만 우리가 차지한다면 왕에게 맞서 싸울 수 있을 거야."

데물랭은 너무 많은 말을 했다는 듯 헛기침을 몇 번 하더니 서둘러 자리를 떠났다. 대표는 사람들 사이로 사라져 가는 데물랭의 뒷모습을 보며 도르프에게 물었다.

"어때요, 도르프. 이제 친구들을 구할 수 있는 방법을 찾았죠?"

"아니, 아직 잘 모르겠어. 국민들에게 나쁜 왕과 맞서 싸울 수 있는 저항권이 있다는 건 알았지만, 그것만 가지고 내 친구들을 구할 순 없잖아. 지금부터 우리 제타 행성 사람들에게 저항권에 대해 알린다면 언젠가는 국민들이 들고일어나 오르시우스 13세와 맞서 싸울 수도 있겠지만, 그때는 이미 내 친구들이 모두 감옥에서 죽고 난 다음일 거야."

두 사람의 대화를 잠자코 듣고 있던 빛나가 드디어 입을 열었다.

"그래, 맞아! 나한테 좋은 생각이 있어. 도르프, 혹시 제타 행성에도 바스티유처럼 큰 감옥이 있나요?"

"응, 오르시우스 13세가 세운 '다가둬'라는 커다란 감옥이 있지. 그곳에 오르시우스 13세에게 반대했던 사람들이 무려 6만 명이나 갇혀 있어. 이곳 바스티유보다 수백 배는 클 거야."

"그러면 그곳에도 수많은 무기가 보관되어 있겠죠?"

"그렇지. 6만 명이나 되는 사람들을 지켜야 하니까 말이야."

"만약 그 6만 명의 사람들이 감옥에 있는 무기를 손에 넣고 감옥에서 탈출할 수만 있다면, 오르시우스 13세와 맞서 싸울 수 있지 않을까요?"

"음, 오르시우스의 왕궁을 지키는 궁정 수비대라고 해 봤자 1만 명 정도밖에 안 되니까, 6만 명이면 충분히 싸워 볼 수 있을 거야. 그래! 좋은 생각이다! 빛나야, 넌 역시 똑똑해!"

도르프는 손목시계의 통신 장치로 즉시 데모스에게 연락을 취했다. 데모스의 통신 장치가 고장 난 탓에 시간이 걸리기는 했지만, 결국에는 다시 연락이 되었다. 데모스의 목소리를 들은 도르프는 반가운 마음에 이렇게 소리쳤다.

"데모스, 방법을 찾았어요! 내가 방법을 찾았다니까요!"

도르프와 배우는
정치 상식

프랑스 혁명은 왜 일어났을까?

프랑스 혁명은 1789년에서 1799년까지 프랑스를 뒤흔들었던 시민 혁명이야. 1789년 7월 14일 시민들이 바스티유 감옥을 습격한 사건을 시작으로 여긴단다. 프랑스 혁명은 왕과 귀족들이 차지하고 있던 정치 권력을 시민들에게로 가져온 역사적인 사건이지.

프랑스 혁명이 일어난 까닭은 몇 가지로 볼 수 있어. 우선 불평등한 사회 구조 때문에 국민들의 불만이 아주 컸다는 점이야. 인구의 2%밖에 안 되는 고위 성직자와 귀족들은 세금도 안 내고 온갖 권력과 부를 독차지했어. 그에 반해 인구의 98%인 농민들과 시민들은 무거운 세금을 내야 했지. 대부분의 농민들은 굶주림에 시달리며 가난하게 살았어. 의사나 변호사, 사업가처럼 부를 쌓은 전문직 시민 계층도 불만이 있기는 마찬가지였어. 돈은 있지만 정치에 참여할 길은 막혀 있었으니까.

게다가 17세기 후반 유럽에서 가장 부유한 나라였던 프랑스는 여러 전쟁에 참여한 데다 왕들이 사치를 해서 나라 살림이 어려워졌단다. 이런 상황인데도 루이 16세는 정치를 개혁하려는 의지 없이 세금 문제를 놓고 국민들을 속이려 했어. 급기야 군중들은 화가 났고, 결국 왕의 폭정을 상징하는 바스티유 감옥을 습격했단다.

우리나라에도 프랑스 혁명 같은 일이 있었을까?

우리나라에서도 민주 정치를 크게 위협하는 일이 있을 때마다 국민들이 적극적으로 나서서 민주화를 이끌었어. 대표적인 사건으로는 4·19 혁명이 있단다. 4·19 혁명은 1960년 4월, 이승만 대통령의 자유당 정권이 저지른 부정 선거에 항의하는 학생들의 시위를 시작으로 일어났어. 점차 많은 국민들이 이 시위에 참여하게 되었고, 결국 이승만 대통령은 1960년 4월 26일 대통령 자리에서 물러나야 했지. 이 밖에도 우리나라의 민주화를 이끈 사건으로는 5·18 민주화 운동과 6월 민주 항쟁, 6·29 민주화 선언 등이 있어.

우리나라 헌법도 저항권을 인정할까?

저항권이란 자유와 생명, 재산과 같은 국민의 기본권을 침해하는 국가 권력에 대해 저항할 수 있는 국민의 권리를 말해. 저항권은 프랑스를 비롯한 유럽 대부분의 나라에서 헌법에 명시해 존중하고 있을 만큼 보편적인 권리라 할 수 있지. 우리나라 헌법은 저항권을 따로 밝혀 두지는 않았어. 하지만 헌법 전문에 '불의에 항거한 4·19 민주 이념을 계승한다'고 밝힌 점에서 저항권 정신을 담고 있다고 할 수 있어. 또한 헌법 제10조에서 '모든 국민은 인간으로서의 존엄과 가치를 가지며, 행복을 추구할 권리를 가진다. 국가는 개인이 가지는 불가침의 기본적 인권을 확인하고 이를 보장할 의무를 진다'고 밝히며 국민의 기본권을 보장하고 있단다.

오늘의 주제 **국민의 정치 참여**

🧑‍🦰 도르프, 프랑스 혁명의 현장에 직접 다녀온 소감이 어때요?

👱 정말 흥미진진했어. 국민들의 힘으로 부당한 권력에 맞서 정치 체제를 바꾸는 것도 놀라웠고.

🧑‍🦰 맞아요. 민주 정치란 국민들의 적극적인 참여와 관심이 없으면 이루어지기 힘든 것 같아요.

👱 그런데 궁금한 게 있어. 국민들이 정치에 참여하는 방법은 어떤 게 있니?

🧑‍🦰 직접 참여하는 방법과 간접적으로 참여하는 방법이 있어요. 직접 참여하는 방법으로는 국민 투표나 정당 활동이 있고, 자신이 직접 정치인이 될 수도 있죠.

👱 아하, 국민 투표는 알아. 헌법을 고치는 것처럼 중요한 나랏일을 결정할 때, 모든 국민이 투표로 자신의 의사를 나타내는 거잖아. 그런데 정당 활동은 뭐야?

👩 정당에서 활동하는 게 정당 활동이지요.

🧑‍🦰 왕빛나, 너 정당에 대해서는 잘 모르는구나? 정당이란 정치적인 의견이나 주장이 같은 사람들이 정권을 잡고 자신들의 정치적 목적을 실현하기 위해 조직한 단체를 말해.

👩 나도 그건 알거든? 다만 설명을 안 했을 뿐이라고!

👱 또 옥신각신하는군. 그만 다투고 이야기나 계속하자. 정당의 목적은 정권을 잡는 것이라고 했으니 선거에 참여하는 게 가장 중요한 정당 활동이겠구나?

🧑‍🦰 맞아요. 정당에 가입한 사람을 당원이라고 하는데, 선거 때가 되면 당원들 가운데 선거에 나설 사람을 뽑고 모든 당원이 선거에서 이기기 위해 노력하지요.

👱 간접적으로 정치에 참여하는 방법은 나도 알 거 같아. 선거 아닐까? 간접 민

주주의에서는 선거를 통해 국민의 대표를 뽑아 나랏일을 대신하도록 한다고 했으니까 말이야.

와, 대단한걸요, 도르프! 맞았어요!

그리고 신문, 잡지, 텔레비전과 같은 언론 매체나 시민 단체 활동을 통해 나라의 일을 토론하거나 자신의 의견을 제시할 수 있답니다.

맞아, 정치를 감시하고 비판하는 언론의 역할도 무척 중요할 거 같아.

그래서 언론을 입법부, 행정부, 사법부에 이어 제4의 권력이라고도 해요.

게다가 요즘은 인터넷이 발달해서 국민들이 정치에 대해 자신의 의견을 표현하고 다른 사람들과 뜻을 모으는 일이 쉬워졌어요.

그렇구나. 나도 우리 별에 돌아갔을 때 내가 실행할 수 있는 정치 참여 방법을 고민해 봐야겠다. 고마워, 얘들아!

프랑스 인권 선언의 현장으로

끼이익, 쾅!

오르시우스 13세의 궁정 감옥 '다가둬'의 육중한 문이 닫혔다. 반란군 지도자 데모스는 두 명의 간수에게 양팔을 잡힌 채, '다가둬' 지하의 가장 아래층에 있는 독방으로 끌려가고 있었다.

간수들은 '다가둬'에 있는 이 독방을 '무덤'이라고 불렀다. 일단 그곳에 갇히면 살아서는 햇빛을 볼 수 없기 때문에 죽은 것이나 다름없다는 뜻이었다. 데모스는 바로 그 '무덤'으로 끌려가는 것이다.

간수들은 힘없이 끌려가는 데모스를 비웃었다.

"그 유명하신 데모스가 이렇게 쉽게 잡히다니! 반란군 지도자 체면이 말이 아니구먼."

"그러게 말이야. 하필이면 궁정 수비대가 밥을 먹고 있는 식당으로 들어올 게 뭐야. 반란군 지도자도 배고픈 건 참지 못하는 모양이지?"

"아무튼 이제 데모스도 잡혔으니 폐하께서도 마음 편히 주무실 수 있겠어."

간수들의 비웃음에도 데모스는 아무런 반응을 보이지 않았다. 그저 묵

묵하게 발걸음을 옮길 뿐이었다.
 긴 복도와 여러 계단을 한참 동안 따라 내려가던 세 사람은 이윽고 독방 '무덤' 앞에 도착했다. 간수들은 데모스를 독방 안으로 거칠게 밀어 넣고는 철문을 쾅 닫았다. 데모스는 독방 바닥을 나뒹굴었다. 하지만 그가 할 수 있는 것은 차디찬 바닥에 누운 채 아픔을 참으며 멀어져 가는 간수들의 발걸음 소리를 듣는 일뿐이었다.

 얼마나 시간이 흘렀을까. 저 멀리서 저벅저벅하는 새로운 발자국 소리가 들려왔다. 발자국 소리는 점점 커지다가 데모스의 독방 앞에서 멈췄다. 그리고 몇 초간의 시간이 지난 뒤, 문밖에서 나지막하고 빠른 목소리가 들려왔다.
 "데모스, 무사하십니까? 저 아이데스입니다."
 아이데스는 오래전부터 데모스와 함께 반란을 계획했던 동지였다. 그는 이곳 '다가둬'에서 간수로 일하면서, 몰래 데모스 반란군의 일을 돕고 있었다.
 친숙한 목소리가 들리자 데모스는 재빨리 문 앞으로 다가가서 작은 소리로 대답했다.
 "아, 난 무사하네. 혹시나 자네가 오지 않으면 어쩌나 걱정하고 있었는데, 이렇게 와 줘서 고맙네."
 "무슨 말씀이십니까? 오르시우스 13세를 쓰러뜨리기 위한 일인데 제가 당연히 앞장서야죠. 아무튼 무사하시다니 다행입니다."
 두 사람이 이야기를 나누고 있는 동안에도, 아이데스의 눈은 끊임없이

주변을 살피고 있었다. 혹시라도 두 사람의 관계가 들통 나는 날에는 모든 일이 수포로 돌아가기 때문이었다. 주변에 아무도 없음을 확인한 아이데스는 목소리를 낮추고 조심스럽게 이야기를 이어 갔다.

"그건 그렇고, 지구에 간 도르프가 참으로 대담한 작전을 세웠군요."

"아, 일부러 감옥에 잡혀 들어와서 6만 명의 우리 동료들을 탈출시킨다는 계획 말인가? 그건 도르프 혼자의 생각이 아닐세. 지구에서 도르프를 돕고 있는 왕빛나라는 여자아이의 아이디어라고 하더군. 도르프처럼 소심한 녀석이 어찌 혼자서 이런 대담한 계획을 생각해 냈겠나."

데모스가 이곳 '다가둬'에 잡혀 들어온 것은 사실 도르프와 왕빛나의 계획에 따른 것이었다. 철통같은 경비로 유명한 궁정 감옥 '다가둬'에서 6만 명이나 되는 사람들을 탈출시키는 건 쉬운 일이 아니었다. 그러기 위해서는 누군가에게 특별한 탈옥 수단을 숨겨서 감옥 안으로 들여보낼 필요가 있었다. 그 역할을 맡은 사람이 바로 데모스였다.

"데모스, 말씀하셨던 물건은 가지고 오셨겠지요?"

"그래, 여기 있네. 잠시만 기다리게."

데모스는 입안의 실을 잡아당겨서 몸속에 숨겨 두었던 투명한 봉지를 꺼냈다. 그 안에는 '다가둬'의 모든 간수들을 재우고도 남을 만큼 강력한 수면제가 들어 있었다. 데모스는 간수들의 몸수색에도 발견되지 않도록 수면제가 든 비닐봉지를 삼켜서 배 속에 숨기고 있었고, 언제든 다시 꺼낼 수 있게 미리 긴 실로 연결해 두었던 것이다.

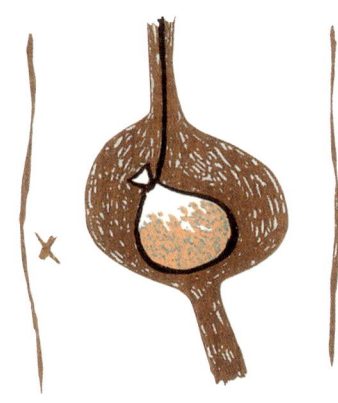

"자네는 이 수면제를 오늘 저녁 간수들의 식사에 몰래 넣게. 그리고 간수들이 모두 곯아떨어진 자정 무렵에 나와 함께 무기 창고에 있는 무기를 빼앗도록 하세."

"네, 알겠습니다. 그럼 자정에 뵙겠습니다."

데모스는 멀어져 가는 아이데스의 발자국 소리를 들으며 다시 차디찬 독방 바닥에 누웠다. 그리고 눈을 감고 모든 일이 성공적으로 끝나기를 기도했다.

지구의 도르프는 우주선에서 빛나, 대표와 함께 오르시우스 13세를 몰아냈다는 소식이 도착하기만을 기다리고 있었다. 도르프는 혹시나 일이 잘못되지는 않았을까 노심초사하며 우주선 안을 서성였다. 불안해하는 도르프를 보고 있던 대표가 먼저 말을 꺼냈다.

"도르프, 진정하고 자리에 좀 앉으세요. 그렇게 왔다 갔다 한다고 통신이 더 빨리 오지는 않는다고요!"

"아니야, 이렇게 연락이 늦다는 건 분명히 뭔가 잘못됐다는 뜻이야. 혹시 수면제를 넣은 비닐봉지가 데모스 배 속에서 터져 버린 건 아닐까? 그래서 간수들이 아니라 데모스가 잠들어 버린 거 아닐까? 아, 만약 그렇게 되면 모든 게 물거품이 돼. 빛나야, 어떡하지?"

"아직 모르잖아요. 조금 더 기다려 봐요."

말은 이렇게 하지만, 대표와 빛나도 불안하기는 마찬가지였다. 그런데 바로 그때, 우주선의 중앙 컴퓨터에서 메시지가 흘러나왔다.

"제타 행성에서 정체불명의 통신이 들어오고 있습니다. 발신 장소 및 발신자에 대한 정보가 없습니다. 발신 장소를 추적합니다. …… 삐삑, 추적 완료되었습니다. 발신 장소는 오르시우스 13세의 궁전 '내가짱'입니다. 연결하시겠습니까?"

도르프와 대표는 드디어 데모스에게서 연락이 왔다고 생각하여 한달음에 달려가 통신을 연결하려고 했다. 그런데 빛나가 갑자기 손을 뻗어 이들을 가로막았다.

"잠깐만요! 저 통신이 데모스에게서 온 것이라는 보장이 없어요. 보낸 사람도 모르고, 보낸 장소도 오르시우스 13세의 궁전이잖아요."

빛나의 말에 도르프는 황당하다는 표정을 지었다.

"무슨 소리를 하는 거야? 저건 분명히 데모스야. 오르시우스 13세를 몰아내고 궁전을 차지했으니 거기서 통신을 보내시는 거지. 보나 마나잖아!"

"그렇게 생각할 수도 있지만, 우리 계획이 실패했을 가능성도 있어요. 그래서 오르시우스 13세에게 잡힌 데모스가 지구에 온 도르프에 관한 일을 모두 털어놓았을지도 모르잖아요. 그러니까 저 통신은 오르시우스 13세가 보내는 것일지도 몰라요. 함부로 통신을 연결하면 안 돼요."

두 사람의 대화를 듣던 대표가 답답하다는 듯 입을 열었다.

"설령 저게 오르시우스 13세에게서 온 연락이라 하더라도 통신을 연결해야 돼. 그래야만 제타 행성의 현재 상황을 알 수 있잖아. 이렇게 말씨름만 해서는 우리 계획이 성공했는지 실패했는지 알 수 없다고!"

빛나는 잠시 생각에 잠기더니 대표의 말이 맞다는 듯 고개를 끄덕였다. 도르프가 서둘러 통신을 연결했다.

얼마 뒤, 우주선의 통신 화면에 불빛이 들어왔다. 화면에는 누군지 알아보기 힘든 형체가 껌뻑껌뻑 나타났다. 그 형체는 시간이 갈수록 점점 또렷해졌다. 그 짧은 시간 동안에도 도르프와 대표, 빛나는 그 형체가 데모스이기를 간절히 기도했다.

"도르프, 그리고 지구 친구들, 다시 보게 되어 반갑네!"
마침내 모습을 드러낸 것은 데모스였다. 도르프와 빛나, 대표는 그제야 자신들의 계획이 성공했다는 사실을 알고, 모두 얼싸안고 기뻐했다. 데모스는 그 모습을 보며 활짝 웃었다.
"모두 자네들 덕분이야. 특히 지구 친구들이 없었더라면 이번 일은 결코 성공할 수 없었을 거야. 고개 숙여 감사의 인사를 하지."
대표와 빛나는 데모스의 인사를 받으며 가슴속에서 뿌듯한 감정이 차오르는 걸 느꼈다. 손뼉을 치며 기뻐하던 도르프가 궁금증을 못 이기고 질문을 쏟아 냈다.
"데모스, 오르시우스 13세와 궁정 수비대는 어떻게 되었나요? 모두 잡아들이는 데 성공했나요?"
"아, 오르시우스 13세는 지금 자기가 만든 감옥 '다가둬'에 얌전히 갇혀 있다네. 그것도 가장 깊은 곳에 있는 독방인 '무덤'에 말이야. 그리고 오르시우스의 궁정 수비대는 모두 우리에게 항복했지. 덕분에 큰 싸움을 벌이지 않고도 우리 계획대로 성공할 수 있었다네."
그 말을 듣자 도르프는 이제 모든 것이 끝났다는 생각에 안심할 수 있었다. 그런데 곧 서운한 감정이 함께 밀려왔다. 마침내 고향 별에서 민

주주의를 실현할 수 있는 길이 열렸으니, 이제 지구에서의 여행을 끝내고 돌아가야 할지도 모른다는 생각이 들었던 것이다. 그동안 정들었던 빛나, 대표와 헤어져야 할 시간이 다가온 것인지도 몰랐다.

"데모스, 이제 모든 게 끝났으니 저는 제타 행성으로 돌아가야 하겠지요?"

그러자 데모스는 빙긋이 웃으며 고개를 가로저었다.

"무슨 말을 하는 건가? 비록 오르시우스 13세가 사라지기는 했지만, 우리는 아직도 국민이 주인이 되는 민주주의 국가가 어떤 모습인지 잘 모르지 않나? 자네는 지구에 좀 더 남아서 민주주의에 대해 알려 주게."

"네, 알겠습니다!"

아직 지구를 떠나지 않아도 된다는 말에 도르프는 그제야 마음이 놓였다. 도르프는 홀가분한 마음으로 다음 임무가 무엇인지 물었다.

"그럼, 제 다음 임무는 무엇인가요?"

"아, 자네의 다음 임무는 내가 기념식에서 발표할 선언문을 준비하는 것일세."

"네? 무슨 기념식 말씀입니까?"

"내일모레 우리 반란군은 오르시우스 13세의 독재를 끝장낸 것을 기념하는 성대한 기념식을 열 예정이네. 거기서 내가 국민들에게 앞으로 어떤 나라를 만들 것인지 선포할 생각이야. 그런데 오르시우스 13세 때와는 다른 나라를 만들어야 한다는 건 알겠는데, 구체적으로 어떤 내용을 담아야 할지 잘 모르겠더군. 그래서 자네가 민주주의 국가는 국민을 위해 무엇을 해야 하는지 지구에서 좀 알아봐 줬으면 하네."

"알겠습니다. 맡겨만 주십시오!"

통신을 끝마친 도르프에게 빛나가 의아한 얼굴로 물었다.

"국가가 국민을 위해 무엇을 해야 하는지 알아보라고요? 그냥 풍요롭게 잘 살게 해 주는 게 국민을 위하는 길 아닌가요?"

그러자 도르프가 대답했다.

"그건 오르시우스 13세도 늘 했던 말이거든. 그러니까 그렇게 말하면 사람들은 새 나라가 이전과 무엇이 다른지 알 수 없을 거야."

두 사람이 계속 고민을 하자 대표가 목소리를 높이며 끼어들었다.

"자, 이런 건 정치 박사인 나한테 맡기라고요."

도르프와 빛나는 대표의 잘난 척에 지쳤다는 표정을 지으며 대표의 다음 말을 기다렸다.

"내가 전에 책에서 읽었는데, 프랑스 혁명 때 인간으로서 누려야 할 권리와 이를 위한 시민 사회의 기본 원칙을 밝힌 선언이 만들어졌대. 그걸 프랑스 인권 선언이라고 하는데, 민주주의 국가들은 대부분 이 프랑스 인권 선언의 정신을 이어받고 있다고 하더라고. 그러니까 프랑스 인권 선언의 내용을 알면 도움이 될 거야. 어때? 에헴!"

도르프가 대표를 향해 엄지손가락을 치켜세웠다.

"역시 대표 너는 정치에 대해서는 모르는 게 없구나. 아, 너희들이 없었다면 난 어떻게 임무를 마칠 수 있었을까?"

"자, 감탄은 나중에 하고요. 어서 프랑스로 다시 가 봐요!"

세 사람은 다시 프랑스 혁명 당시로 시간 여행을 떠났다.

"시간 여행 목적지에 도착했습니다. 1789년 8월 26일, 프랑스 인권 선언문이 선포될 프랑스 베르사유 궁전 근처입니다. 즐거운 여행 되십시오."

근처 공원에 우주선을 숨긴 세 사람은 곧장 베르사유 궁전으로 들어가려고 했다. 그런데 경비병들이 도르프 일행을 불러 세웠다.

"어이 거기! 오늘 여기서는 프랑스 국민 의회가 열리고 있다. 외국인은 들어갈 수 없어!"

그러자 도르프는 뛰어난 임기응변으로 경비병을 설득했다.

"아니, 내가 어딜 봐서 외국인 같단 말입니까? 내 프랑스어 발음을 듣고도 그런 소리를 하는 겁니까? 내 외모가 이국적이긴 하지만, 외국인이라는 소리까지 듣게 될 줄이야, 허 참!"

"아, 미안합니다. 말씀하시는 걸 보니 파리 토박이시군요. 들어가셔도 좋습니다. 다만 므뉘 플레지르 강당 쪽으로는 가지 말아 주십시오. 그곳에서는 현재 국민 대표들이 모여 인권 선언문을 만들고 있습니다. 방해하시면 안 됩니다."

세 사람은 경비병의 말을 듣자마자 바로 므뉘 플레지르 강당으로 향했다. 건물 앞에는 벌써 많은 사람들이 모여 있었다. 한눈에 보기에도 이들이 인권 선언문의 내용을 만들고 있는 국민 대표들이란 걸 알 수 있었다. 도르프는 그중 가장 인상 좋게 생긴 사람에게 다가갔다.

"저, 실례합니다."

"아, 안녕하시오. 난 라파예트 장군이오. 오늘은 국민 대표의 한 사람으로 이곳에 와 있소. 뭔가 알고 싶은 것이 있소?"

"이곳에서 인권 선언문을 만든다고 들었는데요, 벌써 완성되었나요?"

도르프의 질문에 라파예트는 고개를 절레절레 흔들었다.

"그것 때문에 국민 대표들이 굉장히 오랜 시간 토론을 거듭하고 있었소. 다행히 이제 토론이 거의 마무리됐어요. 곧 17개 조항으로 된 인권 선언문을 발표할 것이오."

"그럼 그중에서 국가가 국민을 위해 무엇을 어떻게 해야 하는지 설명하고 있는 조항을 하나만 꼽아 주실 수 있나요?"

라파예트는 쉽지 않다는 듯 미간을 찌푸리며 대답했다.

"사실 17개 조항 모두 그걸 설명하고 있소. 하지만 그중에서 가장 중요한 조항 한 가지만 뽑자면 난 제2조를 꼽고 싶다오. 아, 이제 곧 토론이 다시 시작될 모양이오. 난 다시 들어가 봐야 하오. 혹시 인권 선언문의 내용이 궁금하다면 이걸 살펴보면 될 거요."

라파예트는 도르프에게 종이 한 장을 내밀더니 다른 국민 대표들과 함께 므뉘 플레지르 강당 안으로 들어가 버렸다. 라파예트가 준 종이에는 17개 조항으로 된 인권 선언문이 빼곡하게 적혀 있었다. 빛나는 도르프에게 인권 선언문의 제2조가 어떤 내용인지 찾아보라고 재촉했다.

"제2조 모든 정치 단체의 목적은 인간이 태어날 때부터 가지는 권리를 보호하고 지키는 데 있다. 그 권리란 자유롭게 살 권리, 자기 재산을 지킬 권리, 안전하게 살 권리, 그리고 부당하게 괴롭힘 당할 때 저항할 수 있는 권리이다……. 빛나야, 이게 무슨 말이지? 난 읽어 봐도 잘 모르겠는걸."

"나도 잘 모르겠어요. 어이, 정치 박사 한대표, 넌 어때?"

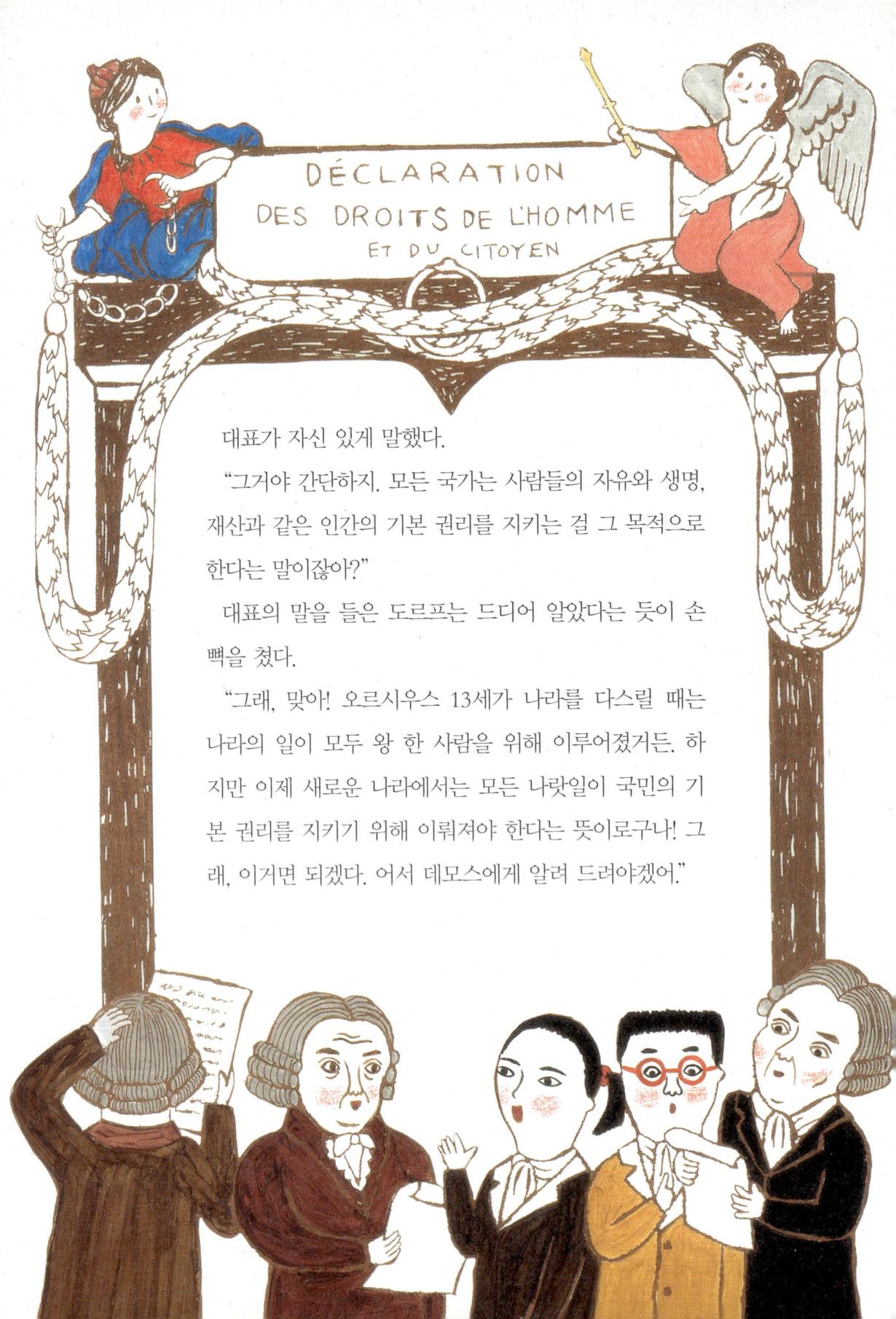

대표가 자신 있게 말했다.

"그거야 간단하지. 모든 국가는 사람들의 자유와 생명, 재산과 같은 인간의 기본 권리를 지키는 걸 그 목적으로 한다는 말이잖아?"

대표의 말을 들은 도르프는 드디어 알았다는 듯이 손뼉을 쳤다.

"그래, 맞아! 오르시우스 13세가 나라를 다스릴 때는 나라의 일이 모두 왕 한 사람을 위해 이루어졌거든. 하지만 이제 새로운 나라에서는 모든 나랏일이 국민의 기본 권리를 지키기 위해 이뤄져야 한다는 뜻이로구나! 그래, 이거면 되겠다. 어서 데모스에게 알려 드려야겠어."

도르프는 인권 선언문을 손에 쥔 채 숨겨 둔 우주선을 향해 뛰기 시작했다. 그러자 빛나와 대표는 뛰어가는 도르프를 보며 소리쳤다.

"도르프, 우주선은 반대 방향에 있어요!"

민망해진 도르프는 뛰어가던 길을 되돌아오면서 투덜댔다.

"이 궁전은 뭐 이리 쓸데없이 큰 거야? 깜빡하면 길 잃겠구먼."

빛나와 대표는 그런 도르프를 보며 저렇게 길눈 어두운 우주인이 어떻게 지구까지 찾아올 수 있었을까 궁금해하지 않을 수 없었다.

도르프와 배우는
정치 상식

프랑스 인권 선언은 어떤 내용일까?

프랑스 인권 선언은 프랑스 혁명 당시 인권, 즉 사람이라면 누구나 누려야 할 권리에 대해 발표한 선언문이야. 정식 명칭은 '인간과 시민의 권리 선언'인데, 모든 인간은 자유롭고 평등하며 불평등한 신분 제도를 공식적으로 없애겠다는 내용을 담고 있단다. 또한 국가는 국민의 권리를 보장해야 하며 국가의 주권은 국민에게 있다는 것을 밝히고, 사상과 언론의 자유를 보장하는 내용도 담았지. 이 선언문은 프랑스 헌법은 물론 세계 여러 나라의 헌법 및 민주 정치에 큰 영향을 미쳤단다.

세계 인권 선언이란 무엇일까?

국제 연합(UN)에서는 1948년 12월 10일 인권에 대한 국제적인 선언문을 채택했어. 바로 '세계 인권 선언'이야. 국제 연합에서는 이 선언문이 채택된 날을 '세계 인권 선언 기념일'로 정해 기념하고 있어. 세계 인권 선언은 자유, 평등과 같은 시민적·정치적 권리가 중심이지만 노동자의 단결권, 교육에 관한 권리, 예술을 누릴 권리 등 경제적·사회적·문화적 권리에 대해서도 규정하고 있어. 세계 인권 선언은 오늘날 대부분의 국가에서 헌법이나 기본법에 그 내용을 반영할 만큼 큰 영향을 끼쳤단다.

인권을 보호하기 위한 우리나라의 정부 기관은?

우리나라에는 국가 인권 위원회라는 인권 전담 기구가 있어. 국가 인권 위원회는 누구도 침범할 수 없는 개인의 기본적 권리들을 보호하고, 그 수준을 향상시켜 인간으로서의 존엄과 가치를 누릴 수 있게 하며, 민주적 기본 질서를 세우기 위한 기구란다. 인권과 관련된 법이나 제도, 정책 등을 조사하고 연구하여 개선을 권하는 일을 해. 또한 국가 기관이나 지방 정부 등에서 인권 침해나 차별 행위가 벌어지면 이를 조사하여 그 피해자를 돕고, 다시는 그런 일이 생기지 않도록 한단다.

국제 연합 아동 권리 선언

　1959년 11월 20일 국제 연합 총회에서는 세계 모든 어린이가 행복하게 살기 위해 보장받아야 할 권리를 밝힌 어린이 인권 선언문을 채택했단다. 이 선언은 세계 아동 인권 선언이라고도 하는데, 10개 조항으로 되어 있어.

　①인종, 종교, 태생 또는 성별로 인한 차별을 받지 않을 권리
　②신체적, 정신적, 도덕적, 영적 및 사회적으로 발달하기 위한 기회를 가질 권리
　③이름과 국적을 가질 권리
　④적절한 영양, 주거, 의료 등의 혜택을 누릴 권리
　⑤심신 장애 어린이는 특별한 치료와 교육 및 보살핌을 받을 권리
　⑥애정과 도덕적, 물질적 보장이 있는 환경 아래서 양육될 권리
　⑦의무 교육을 받을 권리, 놀이와 여가 시간을 가질 권리
　⑧전쟁이나 재난으로부터 제일 먼저 보호받고 구조될 권리
　⑨학대, 방임, 착취로부터 보호받을 권리
　⑩인간 상호 간 우정, 평화 및 형제애 정신으로 양육될 권리

오늘의 주제 **국민의 권리와 의무**

🧑 도르프, 프랑스 인권 선언을 보면 민주 국가에서 국민이 누려야 할 권리가 무엇인지 감이 오지 않나요?

👩 흠, 우선 모든 국민이 자유롭고 평등할 권리가 아닐까?

🧑 와, 한 번에 맞혔네요! 도르프가 방금 말한 게 바로 자유권과 평등권이에요.

👦 자유권은 국가 권력에 의해 자유를 제한받지 않을 권리를 말하는 거지?

🧑 맞아. 신체의 자유, 거주 이전의 자유, 종교의 자유, 직업 선택의 자유, 언론 출판의 자유 등이 모두 자유권에 속하지.

👩 평등권은 나도 뭔지 알 거 같아. 모든 국민이 법 앞에서 평등하다는 것!

🧑 아, 내가 먼저 말하려고 했는데. 평등권은 성별, 종교, 사회적 신분에 따른 차별 없이 공평한 대우를 받기 위해 꼭 필요해요.

🧑 헌법에서 보장한 국민의 권리가 몇 가지 더 있어요. 정치에 참여할 수 있는 권리인 참정권, 침해당한 기본권을 구제해 달라고 요구할 수 있는 청구권…….

청구권? 그건 뭐야? 처음 들어 보는 말인데…….

그게 좀 어려운 내용이긴 해요. 청구권에는 국민이 국가 기관에 문서로 어떤 일을 해 달라고 요구할 수 있는 권리인 청원권과 법원에 재판을 요청할 수 있는 재판 청구권 등이 있어요.

또 국민이 인간다운 생활의 보장을 위해 국가에 요구할 수 있는 권리인 사회권도 있지요. 사회권은 교육을 받을 권리, 일할 수 있는 근로의 권리, 건강하고 쾌적한 환경에서 생활할 권리 같은 것들이에요.

이런 권리들이 모두 우리 별에서도 보장되어야 하는데 말이야. 빨리 우리 별에서도 민주 정치가 이루어지도록 해야겠어.

도르프, 그런데 국민의 권리만 있는 게 아니라 의무도 있다는 거 알아요?

정말? 국민이 지켜야 할 의무도 있는 거야?

그럼요. 국민들이 자신의 권리만 주장하고 나라에 필요한 의무를 다하지 않으면 나라를 유지하고 발전시키기 어려워요.

헌법에서 정한 국민의 의무는 크게 다섯 가지예요. 국민으로서 나라를 지켜야 하는 국방의 의무, 세금을 내야 하는 납세의 의무, 국민 모두가 일정 기간 교육을 받아야 하는 교육의 의무, 일을 해야 하는 근로의 의무, 환경을 보전하기 위해 노력해야 하는 환경 보전의 의무가 바로 그것이죠.

음, 역시 민주주의는 권리뿐만 아니라 의무와 책임도 따르는구나.

세계 최초의
대통령을 찾아라

    도르프가 프랑스 인권 선언에 대해 보고한 지 벌써 한 달이 지났다. 그 뒤로 데모스와 연락이 끊겨 버린 도르프는 하루하루를 초조한 마음으로 보내고 있었다.

    "아, 오늘도 연락이 안 되네. 빛나야, 탐정인 네가 무슨 일이 일어나고 있을지 한번 추리해 보렴."

    "너무 걱정하지 마세요. 우리 속담에 무소식이 희소식이라는 말도 있어요."

    빛나는 걱정에 빠진 도르프를 위로했다. 바로 그때, 도르프의 손목시계가 울렸다.

    "분명히 좋은 소식일 거예요. 빨리 가요!"

    대표의 말과 함께 도르프 일행은 급히 우주선으로 향했다.

    화면 속 데모스는 반가운 표정으로 말했다.

    "도르프, 오랜만일세."

    "아니, 왜 이렇게 연락이 없으셨어요? 무슨 일이 생긴 줄 알고 걱정했잖아요!"

"미안하네. 우선 기쁜 소식부터 전해 주겠네."

'기쁜 소식'이라는 말에 도르프는 화내던 것도 잊고 눈을 반짝였다.

"뭔데요? 빨리 말해 주세요!"

"우선 자네가 알려 준 정보 덕분에 우리는 새로운 민주 국가를 세우는 일을 착착 진행하며 정말 바쁜 나날을 보내고 있다네. 그러느라 자네에게 미처 연락도 못 했던 거지. 그 점은 정말 미안하게 생각하네."

도르프는 뿌듯한 표정에 잠겼다. 하지만 그 시간은 그리 길지 않았다. 도르프에게 외계어를 배운 빛나가 데모스의 말을 알아듣고 날카로운 질문을 던졌기 때문이다.

"기쁜 소식부터 전해 주겠다는 건 뭔가 나쁜 소식도 있다는 말 아닐까요?"

"빛나야, 말이 씨가 된다는데 왜 그런 말을 하니? 별일 없을 거예요, 도르프."

대표가 빛나를 나무랐다. 그러나 도르프는 금세 얼굴빛이 어두워졌다.

"혹시 나쁜 소식도 있는 건가요, 데모스?"

"아, 자네가 처리해 주어야 할 임무가 새롭게 생기긴 했지만 그리 나쁜 건 아니라네."

"그게 뭔데요?"

"글쎄 내가 새로운 왕이 되어야 한다는 여론 때문에 고민일세. 우리가 오르시우스 13세를 몰아낸 것은 국민이 주인이 되는 민주 정치를 펼치기 위해서인데, 다시 왕을 세운다는 것은 적절하지가 않은 것 같아."

"왜요? 데모스라면 민주주의를 실현하는 좋은 왕이 될 거 같은데요."

"음, 내가 오르시우스 13세처럼 나쁜 왕이 되지는 않겠지만, 내 뒤를 잇는 왕들 가운데 행여나 나쁜 생각을 품은 왕이 나오면 어떻게 한단 말인가? 그리고 내가 왕이 된다면, 내 자손들이 왕위를 이어야 하는 거 아닌가? 그건 말도 안 되는 일일세. 내가 오르시우스 13세를 몰아내고 민주 국가를 세우는 데 기여했다고 해서 내 자손까지 왕이 된다는 건 그야말로 민주주의와는 거리가 먼 것이 아닌가?"

"듣고 보니 그렇군요. 그럼 어떻게 하는 게 좋을까요?"

"우리 제타 행성에서 새로운 나라를 만들려면 국민들을 이끌어 나갈 지도자가 필요한데, 지구에는 왕이 없는 나라들도 많다고 하지 않았나? 그들은 어떻게 지도자를 세우고 나라를 이끌어 나가는지 좀 알아보고

다시 연락 주게. 나는 다른 회의가 있어서 그럼 이만!"

데모스는 몹시 바쁜 듯 자기 말만 마치고 바로 통신을 끊었다. 도르프는 곧바로 아이들과 머리를 맞대고 이야기를 나누었다.

"얘들아, 이번 임무는 어떻게 해결하면 좋을까?"

"도르프, 이건 식은 죽 먹기예요. 그렇지 대표야?"

"그럼 그럼, 해답이 바로 가까운 곳에 있으니까."

빛나와 대표는 그것도 모르느냐는 표정으로 도르프를 보며 웃었다.

"뭐야? 나만 모르는 거야? 뭔데, 뭔데, 뭔데?"

도르프는 정말 궁금했는지 몹시 안달을 했다.

"도르프가 좋아하는 뉴스에 자주 나오는 인물인데, 모르겠어요?"

"외국에 우리나라를 대표하는 사람이기도 하고요."

"국가 대표 선수? 그렇다면 운동 잘하는 사람이 나라를 이끄는 대표가 되는 건가?"

"아이고! 그게 아니라, 대통령을 말한 거예요. 만날 뉴스만 보면서 대통령도 몰라요?"

대표와 빛나가 한목소리로 말했다.

"대통령? 그건 지구에서 왕을 부르는 말 아니었어? 난 왕하고 같은 말인 줄 알았는데……."

"어휴, 도르프! 그동안 민주주의에 대해 제대로 공부한 거 맞아요?"

"대통령이나 왕이나 모두 한 나라에서 으뜸가는 권력을 지니고 나라를 다스리는 사람이잖아. 그러고 보니 대통령은 국민이 뽑는다고 했던 것도 같고……. 도대체 대통령과 왕은 뭐가 다른 거야?"

도르프가 한심하다는 표정으로 자기를 바라보고 있는 대표와 빛나에게 다시 질문을 했다.

"그, 그러니까 왕은 왕이고 대통령은 대통령이죠. 한대표, 네가 좀 자세히 설명해 봐."

갑작스러운 도르프의 질문에 빛나는 말문이 막혔다. 사실 대통령과 왕의 차이점에 대해 별로 생각해 본 적이 없었기 때문이다.

"도르프, 타임머신은 이럴 때 쓰라고 있는 거예요. 우리 함께 세계 최초의 대통령을 만나러 가요! 그럼, 왕과 대통령이 어떻게 다른지 금방 알게 될 테니까요."

대표는 다시 시간 여행을 떠날 생각에 아주 흥분한 표정이었다.

"대표야, 그럼 미국의 조지 워싱턴을 만나러 가는 거니? 내가 정치엔 좀 약하지만 세계 역사상 첫 대통령이 워싱턴이라는 건 알거든."

도르프의 갑작스런 질문으로 궁지에 몰렸던 빛나가 반가운 듯 눈을 빛내며 말했다.

"그래 맞아. 1789년 4월 30일 조지 워싱턴이 미국의 초대 대통령으로 취임했지."

대표의 자신만만한 대답에 도르프가 깜짝 놀라 물었다.

"와! 한대표, 너 어떻게 날짜까지 정확하게 기억하니? 대단하다."

"미래의 대한민국 대통령을 꿈꾸는 저에게 그 정도는 상식이라고 할 수 있죠. 하하하!"

대표의 잘난 척에 완전히 적응을 한 도르프는 만족스러운 표정을 지으며 말했다.

"워싱턴 대통령을 만나러 가는 건 정말 좋은 생각이야. 지구에서 처음으로 대통령을 뽑은 미국의 경험은 틀림없이 우리 별에도 도움이 될 거야. 얘들아, 어서 시간 여행을 시작하자!"

도르프가 우주선을 조작하자 타임머신이 작동하기 시작했다.

"1789년 4월 30일 미국의 초대 대통령으로 취임하는 조지 워싱턴을 만나러 갑니다. 10, 9, 8, 7, 6, 5, 4, 3, 2, 1. 출발!"

잠시 후 도르프 일행이 도착한 곳은 1789년 당시 미국의 임시 수도였던 뉴욕이었다. 주변을 살펴보니 뉴욕 허드슨강 가에 수많은 사람들이 나와서 누군가를 기다리고 있었다. 그러고 보니 거대한 배 한 척이 강을 건너고 있는 게 보였다. 그 배 주변을 크고 작은 배 수십 척이 마치 호위하듯 둘러싸고 있었다. 배에 탄 사람들은 흥겹게 노래하며 만세를 부르고 있었다. 귀를 쫑긋 세우고 있던 빛나가 뭔가 알아냈는지 갑자기 소리를 질렀다.

"와! 저 큰 배에 워싱턴이 타고 있나 봐요. 사람들이 노래를 부르며 '워싱턴 대통령 만세'라고 외치고 있어요."

"맞아, 뱃전에 서서 사람들에게 손을 흔들고 있는 저분이 워싱턴 대통령이야. 1달러짜리 지폐에 그려진 모습보다 훨씬 젊어 보이긴 하지만 틀림없어."

옆에서 눈을 똥그랗게 뜨고 배를 유심히 쳐다보던 대표도 거들었다.

워싱턴은 배에서 내려 마차로 갈아타고 취임식이 열리는 곳으로 향했다. 거리에는 수천 명의 사람들이 늘어서서 꽃을 뿌리며 워싱턴을 환영했다. 도르프는 이 모든 장면을 마냥 신기한 듯 지켜보고 있었다.

'아! 이렇게 국민들에게 환영을 받는 왕, 아니 대통령이 있다니…….
정말 놀라운걸.'
도르프는 거리에 있던 한 사람을 붙잡고 물어보았다.
"이렇게 사람들이 기뻐하는 이유가 뭔가요?"
"당신은 외국에서 온 모양이군요. 우리 미국 국민이 기뻐하는 이유를
모르는 걸 보니."
"네, 맞습니다. 미국의 대통령 제도를 배우기 위해 왔습니다."
도르프는 공손하게 대답했다.

"그렇다면 질문할 사람을 잘 골랐군요. 나는 대통령 선거인단으로 참여했던 로버트 스미스라고 합니다."

선거인단이라는 말에 빛나가 도통 모르겠다는 표정으로 물었다.

"대통령 선거인단요? 그게 뭔데요?"

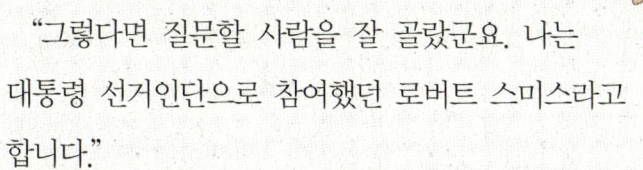

"대통령 선거인단이란 대통령을 선출하는 선거에 참여할 수 있는 사람들을 말해요. 우리 미국에서는 각 주마다 선거인단을 먼저 뽑은 다음 그 선거인단이 대통령을 뽑지요."
이번엔 대표가 진지하게 물었다.
"그렇다면 선거에서 워싱턴이 대통령으로 뽑힌 이유는 뭔가요?"
"독립 전쟁을 승리로 이끈 사람이 바로 워싱턴이에요. 그렇게 큰 공을 세웠지만, 권력에는 욕심이 없는 분이랍니다. 그를 왕으로 모시려는 사람들도 있었지만 거절하고, 은퇴한 다음 고향으로 내려갔지요. 그 때문인지 국민들이나 정치인들 모두 워싱턴을 신뢰한답니다. 그래서 이번 선거에서 압도적인 지지를 얻어 대통령에 당선되었지요."
"그럼 워싱턴 대통령은 죽을 때까지 미국을 다스리나요?"
오랜만에 도르프가 질문을 던지자, 대표와 빛나는 어떻게 그런 말도 안 되는 질문을 하느냐는 황당한 표정을 지었다. 하지만 스미스는 아주 친절하게 설명을 시작했다.
"하하, 왕이 다스리는 나라에서 오신 분이라면 그렇게 생각하는 것도 무리가 아니지요. 왕과 달리 대통령은 정해진 임기가 있습니다. 우리 미국은 앞으로 4년마다 선거를 하여 대통령을 새로 뽑을 거랍니다."
도르프와 아이들은 워싱턴 일행을 뒤따르며 이렇게 궁금한 것을 묻고 대답을 들었다. 어느새 워싱턴 일행이 취임식장에 도착했다. 성대한 음악이 연주된 뒤 드디어 취임식이 시작되었다. 취임식장 중앙에 법관 복장을 한 사람과 워싱턴이 등장했다.

빛나가 궁금증을 참지 못하고 스미스에게 물었다.

"저 사람은 누구예요?"

"뉴욕 재판소장 로버트 리빙스턴이랍니다. 오늘 취임식을 진행하실 분이지요. 이제 취임식이 시작됩니다. 쉿!"

로버트 리빙스턴이 워싱턴에게 물었다.

"당신은 미국의 대통령직을 성실하게 수행하고 미국의 헌법과 국민의 권리를 반드시 지킬 것을 맹세합니까?"

워싱턴은 오른손을 성경 위에 올려놓은 채 대답했다.

"예, 엄숙히 맹세합니다."

워싱턴의 대답과 함께 취임식장에는 우레와 같은 박수 소리가 울려 퍼졌다. 세계 최초로 임기가 정해진 국가 지도자가 이끄는 새로운 형태의 정부가 출범하는 순간이었다.

미국이라는 나라가 대통령제를 통해 왕이 다스리던 다른 나라들과는 전혀 다른 새로운 길을 걸어 나갈 것임은 워싱턴 스스로도 잘 알고 있는 듯했다. 워싱턴 대통령은 취임 연설에서 다음과 같이 밝혔다.

"우리 정부는 국민의 자유와 행복이라는 핵심 목표를 위하여 국민에 의해 설립되었습니다. …… 저는 우리가 본보기로 삼아야 할 정부는 이 세상에 없다는 제 생각에 여러분이 동의하리라고 믿습니다. …… 자유의 성스러운 불길과 모범적인 민주 정부의 운명이 바로 미국 국민의 손에 맡겨져 있다고 생각합니다."

워싱턴의 연설이 끝나자 도르프와 아이들은 취임식장을 빠져나왔다. 물론 나오기 전에 스미스에게 감사 인사를 하는 것을 잊지 않았다. 우주선으로 돌아오자 도르프는 데모스에게 보고할 준비를 하느라 바빴고, 대표는 자신이 존경하던 워싱턴 대통령을 직접 보았다는 감격에 푹 빠져 있었다. 잠시 뒤, 빛나가 침묵을 깨고 물었다.

"도르프, 아까 시간 여행 오기 전에 물어봤던 거 있죠?"

"뭐? 왕과 대통령의 차이점? 그거 이제 나도……."

도르프가 대답하려는데, 어느새 정신을 차린 대표가 홱 끼어들더니 줄줄이 읊어 댔다.

"대통령은 우선 선거를 통해 뽑힌다는 점이 왕과 달라요. 국민들이 왕을 고르는 것은 거의 불가능하지만, 대통령은 고를 수 있지요. 둘째, 왕은 보통 정해진 임기가 없이 죽을 때까지 하지만, 대통령은 임기가 있어서 그 기간이 끝나면 대통령 자리에서 물러나야 해요. 셋째, 왕은 그 지위를 자손 대대로 물려주지만, 대통령은 그렇게 할 수 없어요."

"나도 다 아는 건데, 그 정도 가지고 잘난 척하기는……."

빛나는 자신이 한발 늦어 안타까운 표정이었다.

도르프가 물었다.

"대표야, 대한민국의 첫 대통령은 누구니?"

"1948년에 취임한 이승만 대통령이지요."

"그렇구나. 그럼 지금까지 대한민국 대통령은 모두 몇 명이나 돼?"

"모두 12명이에요."

"1948년부터 지금까지 12명의 대통령이 있었다니 놀라운걸. 우리 제타 행성은 오르시우스 13세 혼자 50년 넘게 다스렸는데 말이야."

"도르프, 이럴 때가 아니에요. 얼른 데모스에게 보고해야죠!"

갑작스러운 빛나의 재촉에 도르프는 얼른 통신을 연결해 데모스에게 보고를 시작했다.

"데모스, 이제부터 미국에서 처음 시작된 대통령 제도에 대해 말씀드리겠습니다."

화면 저편의 데모스는 도르프의 보고를 골똘히 듣고 있었다.

도르프와 배우는
정치 상식

조지 워싱턴이 존경받는 이유는 뭘까?

미국의 초대 대통령 조지 워싱턴은 세계 역사상 최초로 국민이 직접 뽑은 국가 원수란다. 미국의 건국 과정에서 여러 세력을 잘 아울렀던 워싱턴은 국민들에게 인기가 높아 1793년 재선에 성공했을 뿐만 아니라, 1796년에는 3선 대통령으로 추대되었어. 하지만 워싱턴은 민주적인 전통을 세워야 한다며 끝내 사양했지. 조지 워싱턴은 '건국의 아버지'로서 지금도 미국 사람들에게 많은 존경을 받고 있어.

우리나라 첫 대통령

대한민국의 초대 대통령은 이승만이야. 이승만은 대한민국 임시 정부의 초대 국무총리였고, 주로 미국에서 외교 활동 중심의 독립운동을 펼쳤어. 해방 이후 귀국해 김구 등과 함께 국내 정치를 이끌었지. 1948년 7월 20일 제헌 국회에서 실시한 대통령 선거에서 대한민국 초대 대통령으로 선출되어 8월 15일 대한민국 정부 수립을 선포했어. 하지만 헌법을 무리하게 고쳐 가면서까지 대통령을 세 번씩이나 맡아 민주주의를 후퇴시켰다는 비판을 받기도 해. 1960년 3월 15일 제4대 대통령 선거에서 부정 선거로 당선됐지만, 4·19 혁명이 일어나 결국 사임하고 말았지.

우리나라 대통령의 자격과 임기

대통령은 한 나라를 대표하는 사람이야. 우리나라 대통령은 대한민국의 '국가 원수'이자 행정부의 최고 책임자로서 외국에 대하여 대한민국을 대표하지. 우리나라 대통령은 국민이 직접 선거로 뽑는데, 대통령 선거일 현재 만 40세에 이른 우리나라 국민이라면 누구나 대통령 선거에 나올 수 있어. 대통령이 되면 5년 동안 국가와 국민을 위해 일하게 되는데, 대통령의 임기가 끝나면 다시 선거에 나올 수 없단다.

우리나라 대통령의 의무와 권한

대통령은 우리나라의 대표이니까 그에 걸맞은 의무와 권한이 있단다. 우선 국가의 독립과 영토를 지켜야 할 책임과 의무가 있어. 또 나라가 어려움에 처했을 때 국민을 지키고, 평화 통일을 위해 성실히 노력해야 할 의무도 있단다. 대통령의 권한은 우선 행정부와 국군을 통솔하며 공무원을 임명하는 행정에 관한 권한이 있어. 또한 국민 생활에 필요한 법을 국회에 제출할 수 있는 입법에 대한 권한과, 대법원장과 대법관 등을 임명하고 국회의 동의를 얻어 죄수들의 형량을 줄이거나 면제해 줄 수 있는 사법에 대한 권한이 있단다.

필요할 때 외교, 국방, 통일 등 국가 안전에 관한 중요 정책을 국민 투표에 부칠 수 있는 국가 원수로서의 권한도 있지.

오늘의 주제 **정부가 하는 일**

오늘은 정부의 역할에 대해 이야기를 나누어 볼까요?

정부는 정책을 결정하고 시행하며 나라 살림을 꾸려 나가는 기관이에요. 정부의 최종 책임자가 바로 대통령이고요.

그래선지 텔레비전 뉴스에서 대통령을 자주 본 것 같아. 며칠 전에도 사람들하고 회의를 하는 걸 봤어.

대통령은 국무총리, 장관들과 함께 국무 회의를 거쳐 나라의 여러 가지 중요한 일들을 결정해요. 도르프가 본 것도 국무 회의였을 거예요.

참, 내가 신문을 보니까 국무총리를 2인자라고 하던데 그건 왜 그런 거니?

국무총리는 대통령을 곁에서 돕고, 정부의 각 부처를 지휘하는 일을 맡거든요. 대통령이 외국에 나갔을 땐 나라 안에서 대통령의 일을 대신하기도 하고요. 대통령을 빼고는 정부에서 가장 높은 지위에 있으니 2인자이지요.

그렇구나. 그럼 정부에 있는 여러 부처들은 어떤 일을 하니?

기획재정부는 나라의 경제 정책을 세우고 조정하는 일을 맡아요. 교육부는 국민의 교육에 관한 일을 책임지지요. 외교부는 외교 정책, 국제 협력 등의 일을 맡고, 통일부는 통일과 남북 대화, 교류에 관한 일을 해요.

다음은 행정안전부! 중앙 부처 및 지방 자치 단체를 지원하고, 나라의 치안과 재난 관리 등을 맡아요. 그리고 법무부, 국방부, 문화체육관광부, 농림축산식품부, 산업통상자원부, 보건복지부, 환경부, 고용노동부, 여성가족부, 국토교통부, 해양수산부, 과학기술정보통신부, 중소벤처기업부 등 모두 18부와 법제처, 국가보훈처, 대통령경호처, 인사혁신처, 식품의약품안전처 등 5처가 있지요.

와, 빛나도 대단한데! 그런 걸 다 알다니!

헤헤, 공부 좀 했지요. 정부의 각 부에서는 청을 두어 부가 하는 일을 돕도록 하는 경우도 있어요.

음, 기상청 같은 게 그런 거 아냐?

맞아요. 환경부는 기상청을 두어 날씨를 관측하고 예보하는 일을 맡기지요.

그럼 대한민국에 청은 몇 개나 있어?

국세청, 관세청, 조달청, 통계청, 검찰청, 병무청, 방위사업청, 경찰청, 소방청, 문화재청, 농촌진흥청, 산림청, 특허청, 기상청, 해양경찰청, 행정중심복합도시건설청, 새만금개발청, 질병관리청 등 모두 18청이 있답니다.

우아! 그럼 대한민국 정부는 18부 5처 18청으로 이루어졌구나. 정부는 정말 많은 조직으로 이루어져 있네!

*2020년 12월 기준

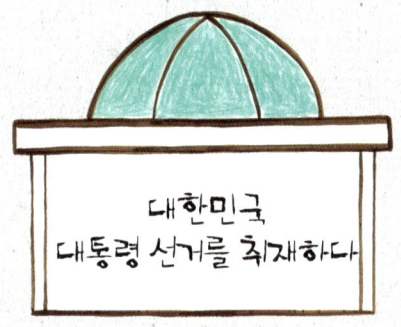

대한민국
대통령 선거를 취재하다

　도르프가 대통령 제도에 대해 보고한 뒤로 제타 행성에서는 선거 준비가 한창이었다. 데모스가 자신을 왕으로 추대하고자 하는 국민들의 여론을 따르지 않고, 선거로 새로운 국가의 최고 지도자인 대통령을 뽑자고 제안했기 때문이다. 데모스는 또한 입법 기구인 국회를 구성하기 위해 국회 의원 200명을 뽑는 선거도 함께 치르자고 했다.
　데모스의 동료들은 국회 의원 선거에 출마하기로 했고, 데모스는 직접 초대 대통령 후보로 나섰다. 이때까지만 해도 제타 행성에서 새로운 민주 국가를 세우는 일이 착착 진행되는 것만 같았다.
　하지만 선거를 기회 삼아 음모를 꾸미는 세력이 있었다. 그들은 바로 오르시우스 13세 밑에서 떵떵거리며 살다가 지금은 권력을 잃어버린 왕족들과 귀족들이었다. 이들은 데모스가 민주주의를 내세우며 선거에 누구나 출마할 수 있도록 하자, 잃어버린 권력을 다시 찾을 방법을 궁리하기 시작했다.
　이들은 우선 오르시우스 13세의 조카인 오르시우스 파르부스를 대통령 후보로 내세웠다. 파르부스는 제타 행성을 다시 왕이 다스리는 나라로 만들려는 야심을 가진 인물이었다. 파르부스와 그 일당은 기자 회견을 열고 선거에 대한 자신들의 생각을 밝혔다.

"나 파르부스는 이번 선거를 민주적으로 치르기 위해 몇 가지 원칙을 제안합니다. 첫째, 우리 별에서 정치란 오랜 옛날부터 남성들이 하는 것이었습니다. 그러므로 이번 선거에서도 여성들은 참여할 수 없도록 하고 남성들에게만 투표권을 주어야 합니다.

둘째, 그동안 우리 제타 행성의 발전에 많은 기여를 한 분들께는 투표권을 더 주어야 합니다. 저는 60세 이상의 노인과 재산이 많은 사람에게는 한 사람이 2표를 행사하도록 해야 한다고 주장합니다. 노인분들은 그동안 우리 별을 위해 많은 기여를 해 왔고, 재산이 많은 사람들 또한 우리 별을 위해 더 많은 일을 할 수 있을 것입니다. 그러므로 이들에게 2표의 권리를 주는 것은 특혜가 아니라 정당한 보상이라고 생각합니다.

셋째, 투표에 참여하는 사람은 어떤 후보에게 표를 주었는지 남들에게 공개해야 합니다. 왜냐하면 민주주의는 자신의 선택에 책임을 질 수 있어야 하기 때문입니다."

파르부스의 기자 회견을 지켜보던 데모스와 동료들은 갑자기 뒤통수를 얻어맞은 기분이었다. 아이데스가 몹시 흥분하여 씩씩거렸다.

"이게 말이 됩니까? 오르시우스 13세의 조카가 민주 선거의 원칙을 들먹이다니? 우리가 한 방 크게 얻어맞은 꼴이군요."

데모스는 자못 심각한 표정으로 대답했다.

"그러게 말이네. 우리 생각이 짧았어. 선거의 원칙을 미리 정했어야 했는데……."

흥분을 가라앉힌 아이데스가 어두운 목소리로 물었다.

"그나저나 저들이 주장하는 대로 한다면 우리에게 너무나 불리하지 않겠습니까, 데모스?"

"맞네. 여성들은 선거에 참여할 수 없도록 해야 한다는 것부터 그렇지. 오르시우스 13세는 여성들의 사회 활동을 극도로 싫어했고, 그래서 지금 우리를 지지하는 여성들이 많지 않나. 여성들이 선거에 참여할 경우 우리에겐 유리하지만 파르부스에겐 불리하니 저런 주장을 하는 것이지.

사실 아직은 여성의 정치 참여를 탐탁지 않게 생각하는 사람들이 많으니 저들이 저렇게 자신 있게 나오는 것일 테고."

데모스의 말을 듣고 있던 아이데스 역시 울분을 토하며 거들었다.

"두 번째 조항도 문제가 많습니다. 나라에 기여를 많이 한 사람에게 투표권을 더 주자는 말이 그럴듯해 보이지만, 실상은 파르부스를 지지하는 사람에게 한 표씩 더 주자는 말이지 않습니까?"

데모스가 물었다.

"자네도 그렇게 생각하나?"

"그렇다마다요. 노인들 중에는 아직도 오르시우스 13세를 그리워하는 분이 많지 않습니까? 강력한 왕이 있을 때가 좋았다면서요. 재산이 많은 사람들은 어떻고요? 대부분 오르시우스 13세 때 돈을 모은 사람들인데, 아마 열에 아홉은 파르부스를 지지할 겁니다. 어휴!"

아이데스가 한숨을 푹 쉬자 데모스의 걱정 어린 목소리가 이어졌다.

"세 번째 조항도 그대로 하기에는 문제가 많아. 파르부스를 따르는 왕족들과 귀족들이 권력을 잃긴 했지만, 아직도 많은 땅과 재산을 가지고 있어 경제적으로는 큰 영향력이 있지 않나? 그들의 땅에서 많은 농민들이 농사를 짓고 있고, 그들이 세운 공장과 회사에서 많은 이들이 일을 하고 있지. 그런데 투표 결과를 공개한다면, 우리를 지지하는 사람들은 일자리를 잃을지도 모르는 노릇이야."

아이데스는 머리를 쥐어뜯으며 더 생각하기 괴롭다는 듯 말했다.

"맞습니다. 그런 걱정 때문에 우리를 지지하는 사람들도 선뜻 우리에게 투표하기 힘들겠죠. 어떻게 하면 좋죠? 우리도 우리에게 유리한 선거 원칙을 발표하면 안 될까요?"

"아이데스, 우리에게 유리한 선거 원칙을 발표한다면, 우리가 파르부스와 다를 게 무엇이 있겠나? 우리는 누구나 받아들일 수 있는 공정하고 민주적인 선거 원칙을 제시해야 해. 난 내가 이번 선거에서 지더라도, 그런 원칙만은 반드시 세우고 싶군."

데모스가 확고한 표정으로 자신의 뜻을 밝히자 아이데스도 별수 없다는 듯 물러섰다.

"예, 마음대로 하세요. 민주주의, 그것참 어렵고도 복잡한 것이네요. 그럼 이제 어떻게 하죠?"

"아무래도 도르프에게 빨리 알아보도록 해야겠어. 지구에서는 어떤 원칙에 따라 선거를 치르는지 말이야. 도르프, 응답하라! 도르프!"

데모스는 다시 도르프와 통신을 시도했다.

"전화 받으세요! 전화 받으세요! 전화 받으세요!"

도르프의 손목시계에서 벨 소리가 한참 동안 울렸지만, 도르프는 꿈나라를 헤매고 있었다. 한동안 임무가 없어 시간이 남아돌게 된 도르프는 요즘 지구의 소설을 읽는 재미에 푹 빠져 밤낮이 뒤바뀐 생활을 하고 있었다. 오늘도 아침까지 책을 읽다가 깜빡 잠이 들고 말았다.

"도르프 선생님! 전화 좀 받으세요! 벌써 오후 1시인데 도대체 언제까지 주무실 거예요?"

벨 소리를 참다못한 대표의 엄마가 고래고래 고함을 쳤다. 결국 그 덕분에 도르프는 데모스와 통신을 할 수 있었다.

"하암, 여보세요?"
데모스가 걱정스러운 목소리로 물었다.
"도르프, 왜 이렇게 응답이 늦나? 무슨 큰일이라도 생긴 줄 알았네."
"아, 아닙니다. 얼른 임무나 말씀해 주십시오."
도르프는 늦잠을 자느라고 그랬다는 말은 차마 하지 못했다.
"자네의 도움으로 지금 우리 별에서는 대통령 선거 준비가 한창이라

네. 그런데 한 가지 문제가 생겼어. 파르부스가 대통령 선거에 출마했는데, 자신에게만 유리한 선거 방법을 내세우는군. 우리 쪽에서는 그에 맞서 공정하고 민주적인 선거 원칙을 제시하고 싶은데 어떻게 하면 좋겠는가? 자네가 좀 알아보게! 도르프, 자네에게 우리 제타 행성의 미래가 걸려 있다는 걸 잊지 말고……. 그럼 기다리겠네. 이상!"

도르프는 얼른 우주선을 숨겨 둔 곳으로 향했다. 다른 때 같으면 대표, 빛나와 함께 움직였겠지만, 두 아이는 수학여행을 떠나 내일 돌아오기로 되어 있었다. 도르프는 조급한 마음에 혼자서라도 임무를 수행하기로 마음먹었다. 우주선에 도착한 도르프는 '민주 선거의 원칙'을 키워드로 삼아 검색 시스템을 가동시켰다. 잠시 후 검색 결과가 나왔다.

"삐리삐리삐리! 검색 완료! 검색 결과를 말씀드리겠습니다. 대한민국 헌법 제41조 제1항 국회는 국민의 보통, 평등, 직접, 비밀 선거에 의하여 선출된 국회 의원으로 구성한다. 대한민국 헌법 제67조 제1항 대통령은 국민의 보통, 평등, 직접, 비밀 선거에 의하여 선출한다. 이상의 검색 결과에 따라 민주 선거의 원칙은 '보통, 평등, 직접, 비밀 선거'로 판단됩니다. 삐리삐리삐리!"

"보통, 평등, 직접, 비밀 선거라고? 각각에 대해 다시 검색해 봐!"

도르프는 다시 한번 검색 시스템을 작동시켰다.

"삐리삐리삐리! 첫째, 보통 선거는 재산이나 신분, 성별, 교육 정도 등의 제한을 두지 않고, 일정한 연령이 되면 누구나 투표할 수 있는 선거를 말합니다. 오늘날에는 보통 선거가 선거의 기본 원칙이지만, 20세기 초까지만 해도 재산에 따라 선거권이 제한되었습니다. 여성 참정권이 전

세계적으로 완전히 확립된 것도 제2차 세계 대전 후의 일입니다.

둘째, 평등 선거는 모든 유권자에게 동등하게 1인 1표의 투표권을 주는 선거입니다. 즉 모든 사람이 똑같이 1표씩 행사하는 선거를 말합니다. 예를 들어 남자에게 2표, 여자에게는 1표를 준다거나, 재산이 많은 사람에게는 2표, 재산이 적은 사람에게는 1표의 투표권을 주는 것은 평등 선거에 어긋나는 것입니다.

셋째, 직접 선거는……"

"으악, 그만! 머리에 쥐가 날 거 같아!"

대표와 빛나가 없는 빈자리를 크게 느끼는 순간이었다. 게다가 지난번 임무를 마친 뒤로는 소설만 읽다가 오랜만에 정치 개념을 접하니 머리가 어지러웠다.

"아함, 대표와 빛나는 도대체 언제 오는 거야? 아아함!"

도르프는 계속 하품을 하더니, 그 자리에 쓰러져 곯아떨어졌다.

얼마나 시간이 지났을까? 도르프는 자신을 부르는 목소리에 잠을 깼다. 눈을 떠 보니 대표와 빛나가 보이는 게 아닌가?

"아앙, 대표야! 빛나야! 내가 너희를 얼마나 기다린 줄 알아?"

도르프는 반가운 마음에 눈물을 터뜨리고 말았다.

"어휴, 다 큰 어른이 왜 울고 그래요? 도르프, 무슨 일 있어요?"

대표와 빛나가 걱정스러운 얼굴로 묻자 도르프는 자초지종을 설명했다. 설명을 다 듣고 난 뒤, 대표는 문제없다는 표정으로 물었다.

"도르프는 선거를 한 번도 경험해 본 적이 없죠?"

"당연하지. 그걸 말이라고 해?"

"그럼 저희랑 시간 여행을 가서 선거를 경험해 보면, 금방 선거의 원칙에 대해 이해할 수 있을 거예요. 얼른 시간 여행을 떠나요!"

"언제로 가야 하는데?"

도르프의 질문에 이번에는 빛나가 자신 있게 말했다.

"하하하, 저의 예리한 직감으로는 그리 멀지 않은 과거일 거라는 생각이 드는데요. 2017년 5월 9일, 대한민국의 제19대 대통령 선거일로 가려는 거지?"

"역시 빛나는 잘 찍는단 말이야. 도르프, 얼른 빛나가 말한 때로 가요!"

잠시 후 타임머신이 작동하기 시작했다. 하지만 가까운 과거라서 그런지 금방 도착을 알리는 안내 메시지가 흘러나왔다. 도르프는 서둘러 우주선 밖으로 나가더니 깜짝 놀라 외쳤다.

"아니? 여긴 우리가 출발한 바로 그 장소잖아?"

도르프의 말에 빛나는 눈을 반짝이며 다시 추리를 이어 갔다.

"음, 대통령 선거라면 우리나라 곳곳에서 투표를 하잖아. 그러고 보니 우리 학교에서도 투표를 했던 거 같아."

"맞아, 이번 시간 여행의 목적지는 바로 우리 학교야. 학교에 가면 대통령 선거에서 어떻게 투표를 하는지 지켜볼 수 있지."

대표는 일행을 이끌고 학교로 향했다. 학교에는 투표소가 차려져 있고, 많은 사람들이 줄지어 서 있었다. 젊은이들은 물론, 아저씨, 아주머니, 연세가 지긋한 할아버지와 할머니도 있었다.

"도르프, 대한민국 사람은 누구나 만 18세 이상이 되면 선거에 참여할 수 있어요. 저기 투표하러 온 사람들을 한번 보세요. 나이도 성별도 차림새도 다 제각각이잖아요. 남자건 여자건, 나이가 많건 적건, 재산이 많건 적건, 교육을 많이 받았건 조금 받았건, 상관없이 누구나 일정한 나이가 되면 선거에 참여할 수 있는 거죠. 이걸 보통 선거의 원칙이라고 해요."

"그렇군. 다른 원칙도 얼른 가르쳐 줘."

도르프는 하나라도 빨리 배우고 싶은 마음에 서두르기 시작했다.

"이번엔 평등 선거에 대해 알아보는 게 어때, 대표야? 내가 보기엔 투표소 안에 들어가면 그 해답을 알 수 있을 거 같아."

빛나의 제안에 따라 일행은 모두 투표소로 들어갔다. 도르프는 눈에 불을 켜고 '평등 선거'의 실마리를 찾았다. 투표소에 들어서니 사람들의 신분증을 확인한 뒤, 투표용지를 한 장씩 나눠 주고 있었다. 몇 분이 흘렀을까? 갑자기 도르프가 손뼉을 치며 말했다.

"빛나야, 나 알 거 같아! 평등 선거 말이야!"

"도르프는 이제야 찾았어요? 저는 명탐정답게 투표소에 들어오자마자 알았는데……. 그럼 우리 셋을 세면 동시에 말해 볼까요?"

대표가 "하나, 둘, 셋!" 하고 세자, 도르프와 빛나는 동시에 "투표용지!"라고 외쳤다. 이들의 목소리에 투표소가 소란스러워지자 선거 관리 위원회 직원이 와서 주의를 주었다.

"얘들아, 투표소에서 떠들면 안 돼! 한 번만 더 그러면 쫓아낸다."

도르프가 나서서 자신을 외국에서 한국의 대통령 선거를 취재하러 온

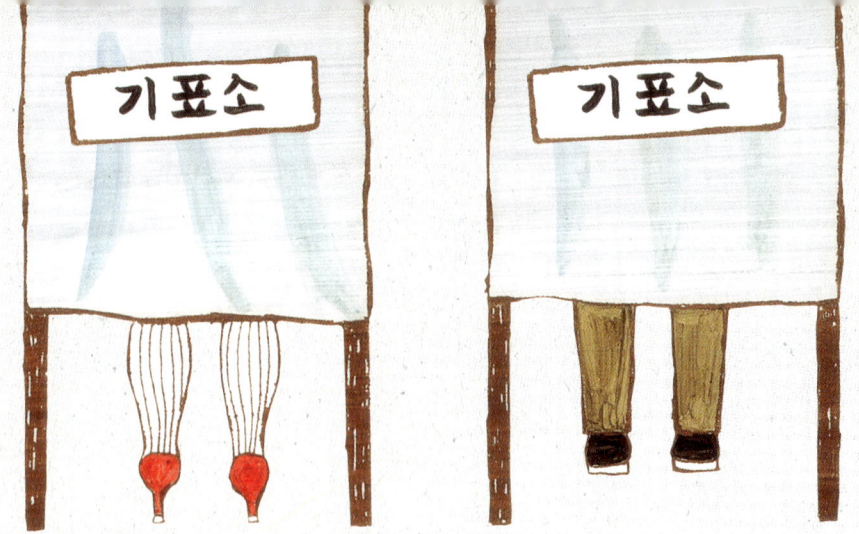

기자라고 소개하며, 취재에 한국 어린이들의 도움을 받기로 했으니 양해해 달라고 부탁했다. 그러자 선거 관리 위원회 직원은 취재를 위해 조금 떠드는 것은 봐주겠다고 약속했다. 역시 도르프의 말솜씨에 넘어가지 않는 사람은 없는 것 같다.

어수선한 분위기가 가라앉자 대표가 물었다.

"왜 평등 선거의 실마리가 투표용지라는 거죠? 도르프, 왕빛나?"

"이건 내가 설명할게. 투표하러 온 모든 사람에게 투표용지를 1장씩 똑같이 나누어 주었거든. 이건 한 사람이 1표씩 찍는다는 말이지. 모두 평등하게 1표씩 투표권을 행사하니까 평등 선거! 맞지?"

빛나는 아주 의기양양한 표정으로 말했다.

"오, 대단한걸. 그럼 직접 선거가 무엇인지도 알아냈니, 빛나야?"

"응. 하지만 이번엔 도르프에게 기회를 줄래."

웬일로 빛나가 이번에는 기회를 도르프에게 넘겼다.

"하하, 내가 못 맞힐 줄 알고? 사실 아까 사람들에게 투표용지를 나눠 줄 때부터 눈치채고 있었어. 투표용지를 나누어 줄 때마다 본인이 맞는지 일일이 확인하는 걸 봤거든. 그러니까 다른 사람이 투표를 대신할 수

기표소   기표소

없고, 선거권을 가진 사람이 반드시 직접 투표해야 하는 거야. 그래서 직접 선거라고 하는 것이고. 그렇지, 얘들아?"

"와, 정말 이제 명탐정 왕빛나의 조수로서 손색이 없는걸요!"

빛나와 대표는 도르프의 추리가 맞다며 칭찬해 주었다.

"그러면 내친 김에 비밀 투표의 단서도 찾아볼까?"

도르프는 아이들의 칭찬에 의욕을 불태우며 투표소 구석구석을 예리한 눈으로 살펴보기 시작했다. 그러더니 투표소에 있던 선거 관리 위원회 직원에게 질문을 하는 것이 아닌가?

"하얀색 천으로 가려 놓은 저건 뭔가요?"

"아, 저건 기표소입니다. 투표를 하러 오신 분들이 투표용지에 자신이 선택한 후보를 표시할 수 있도록 마련한 장소이지요."

"그런데 왜 한 사람씩 들어가죠? 기다리는 사람도 많은데……."

도르프의 질문에 투표소 직원은 아주 의아한 표정을 지었다.

"아니, 도대체 어느 나라에서 취재를 오셨기에 그런 것도 모르십니까? 이건 누가 어느 후보에게 투표했는지 남이 알지 못하게 비밀을 보장하려고 하는 것입니다. 그래서 비밀 투표라고 하죠."

도르프는 정말 모르겠다는 표정으로 계속 질문했다.

"왜 투표 내용을 비밀로 하죠?"

"유권자들이 어느 후보에게 투표했는지에 따라 불이익을 당하는 일이 없도록 보호하려는 것이죠. 비밀 선거를 하면 유권자들이 어떤 제약도 없이 자유롭게 의사 표시를 할 수 있어 공정한 선거를 치를 수 있어요."

투표소 직원은 이번에도 친절하게 도르프의 궁금증을 풀어 주었다.

"정말 감사합니다! 얘들아, 이제 이번 임무를 모두 마쳤어. 얼른 보고 하러 가자!"

도르프는 지금까지 조사한 것들을 금방 잊어버리지나 않을까 불안하여 투표소를 박차고 나와 우주선을 향해 달리기 시작했다.

"도르프, 같이 가요!"

"취재한 노트를 두고 가면 어떻게 해요!"

다행히 도르프가 흘린 노트를 대표와 빛나가 발견한 덕분에, 도르프는 보고를 무사히 마칠 수 있었다. 그 뒤로 한동안 대표와 빛나에게 '우주 최고 덜렁이'라는 놀림을 받아야 했지만 말이다.

민주 선거의 원칙

선거는 나라의 중요한 일을 결정할 대표를 직접 뽑는 중요한 일이야. 그래서 선거가 올바르고 공정하게 이루어지도록 몇 가지 선거 원칙을 정해 놓고 있지. 보통 선거, 평등 선거, 직접 선거, 비밀 선거의 원칙이 바로 민주 선거의 4대 원칙이란다.

우리나라에서 실시하는 선거에는 어떤 것이 있을까?

우리나라에서는 대통령 선거, 국회 의원 선거, 지방 자치 선거 등 많은 선거를 실시한단다. 대통령 선거는 5년마다 한 번씩, 국회 의원 선거와 지방 자치 선거는 4년마다 한 번씩 열리지. 선거에 따라 시기는 다르지만, 선거일은 수요일로 정해 놓았어. 2017년 5월 9일에 치러진 제19대 대통령 선거만 예외적으로 화요일에 실시되었어.

선거는 어떤 과정을 거칠까?

선거는 후보자 등록, 선거 운동, 투표, 개표, 당선자 발표 및 당선증 교부의 과정을 거치게 돼. 후보자 등록은 선거 관리 위원회에 하는데 재산과 병역 사항, 전과 기록, 최종 학력 증명서, 최근 5년간의 세금 납부와 체납 실적 등에 관한 서류를 내야 해. 선거 관리 위원회에서는 이런 내용을 사람들에게 알려 후보자를 판단하도록 하지.

선거 운동은 후보자 등록 마감일의 다음 날부터 선거일 전날까지만 할 수 있어. 선거 운동 기간 동안 후보자들은 현수막이나 인쇄물, 인터넷, 전화, 문자 메시지 등을 통해 자신을 홍보하고, 거리나 광장 등에서 연설을 하거나 토론회에 참여해 의견을 밝히기도 한단다. 또 신문이나 방송 같은 대중 매체를 이용한 선거 운동도 있어.

투표는 오전 6시에 시작해서 오후 6시에 끝나는데, 재보궐 선거는 오전 6시부터 오후 8시까지로 2시간 더 연장하고 있지. 투표가 끝나면 투표함을 개표소로 모아서 개표해. 결과가 나오면 선거 관리 위원회는 당선자를 발표하고 당선자에게 당선증을 내어 준단다.

선거 운동을 할 수 없는 사람도 있을까?
　대한민국 국민이면 누구든지 자유롭게 선거 운동을 할 수 있지만, 공무원과 선거권이 없는 사람, 만 18세 미만의 미성년자는 선거 운동을 할 수 없단다. 공무원이 선거 운동을 할 수 없는 것은 정치적 중립을 지키도록 하기 위해서이고, 만 18세 미만의 미성년자는 선거권이 없기 때문에 선거 운동 역시 할 수 없는 거야. 이 밖에도 공공 기관, 농축수협, 산림 조합, 지방 공단, 공사의 상근 임직원도 선거 운동을 할 수 없어.

정치 토크 쇼
"이건 뭐?"

오늘의 주제 **보통 선거와 여성의 정치 참여**

얘들아, 내가 오늘 충격적인 사실을 알아냈어.

도대체 무슨 일인데 그렇게 호들갑이에요?

프랑스처럼 민주 정치가 발달한 나라에서도 여성들이 투표에 참여한 것은 얼마 되지 않았대. 1946년에야 비로소 법률로 여성의 참정권을 보장했다니 말이야.

정말요? 그것참 기가 막힌 일이네요.

빛나야, 너무 흥분하지 마. 여성이건 남성이건 상관없이 선거에 참여할 수 있는 보통 선거의 원칙이 확립된 건 그리 오래된 일이 아니라고.

아, 맞다! 제2차 세계 대전 후에야 보통 선거의 원칙이 확립되었다고 했지?

네, 20세기 초반까지도 여성의 정치 참여는 보장받지 못했어요. 미국은 1920년, 영국은 1928년, 프랑스는 1946년에 여성들의 참정권을 인정했으니까요.

그런데 여성들은 어떻게 참정권을 얻을 수 있었지?

음, 제가 만약 그런 시절에 살았다면 정치 참여를 위해 열심히 싸웠을 거 같아요. 여성들에게 투표권을 달라는 운동도 하고 말이에요.

실제로 빛나 너처럼 생각하는 여성들이 많았던 것 같아. 프랑스와 영국, 미국 등에서 여성 참정권 운동이 일어났거든. 영국의 에멀린 팽크허스트, 미국의 수전 앤서니 같은 이들이 수십 년 동안 노력한 끝에 여성들의 참정권도 인정받게 된 거야.

역시 민주주의는 노력하지 않고는 얻을 수 없는 것이로구나!

아시아나 아프리카의 경우에는 제2차 세계 대전이 끝난 후 나라가 독립하고 민주주의를 도입하는 과정에서 자연스럽게 여성도 참정권을 얻게 되었어요. 우리나라도 1948년 헌법을 처음 만들면서 남녀의 평등한 참정권을 보장했고요.

🙂 음, 지구인들은 여성을 너무 차별하는 거 같아. 고대 그리스의 아테네에서도 여성들은 민회에 참여할 수 없었고 말이야.

🙂 맞아요! 하지만 이제 여성 차별은 옛날이야기랍니다. 사회에서 활동하는 뛰어난 여성들이 얼마나 많다고요. 정치인만 해도 그렇죠. 영국의 마거릿 대처 총리, 미국의 힐러리 클린턴 국무 장관, 독일의 앙겔라 메르켈 총리, 필리핀의 코라손 아키노 대통령, 브라질의 첫 여성 대통령 지우마 호세프까지…….

🙂 맞아. 여성의 참정권이 보장된 건 얼마 되지 않았지만, 그에 비해 훌륭한 여성 정치인들은 세계 여러 나라에서 많이 나왔지.

몽테스키외를 만나다

민주 선거의 기본 원칙을 조사한 도르프의 보고는 제타 행성의 선거에 큰 도움이 되었다. 먼저 파르부스가 민주 선거를 위한 원칙이라며 주장한 내용들이 사실은 민주주의와는 거리가 멀다는 것을 국민들 앞에서 시원하게 밝혀낼 수 있었다. 또한 대다수 국민들의 지지 속에 보통, 직접, 평등, 비밀 선거를 제타 행성의 국회 의원 선거와 대통령 선거의 원칙으로 삼을 수 있었다.

선거 준비는 착착 진행되었고, 드디어 제타 행성에서 첫 선거가 열리는 날이 되었다. 도르프는 선거 결과가 걱정되는지 아침부터 안절부절못하고 있었다.

불안해하는 도르프를 지켜보던 빛나가 마침내 한마디 하고 말았다.

"도르프! 연락이 올 때까지 조금 느긋하게 기다려 봐요."

도르프는 풀이 죽은 목소리로 말했다.

"혹시 선거 결과가 좋지 못하면 어쩌지? 걱정이네."

이번엔 대표가 도르프를 안심시켰다.

"제타 행성의 민주주의를 위해 가장 헌신한 게 데모스와 그 동료들이잖아요. 국민들도 그걸 잊지 않았을 거예요."

대표의 말에 마음이 조금 놓였는지 어젯밤을 뜬눈으로 지새운 도르프는 꾸벅꾸벅 졸기 시작했다. 시간이 얼마나 흘렀을까? 갑자기 도르프의 손목시계가 울리기 시작했다. 벨 소리에 놀라 잠에선 깬 도르프가 손목시계의 통신 기능을 작동시켰다.

"도르프, 응답하라! 도르프, 응답하라!"

그런데 데모스의 목소리가 아니었다. 도르프가 물었다.

"여기는 도르프! 그런데 누구십니까?"

"앗, 미안하네. 난 아이데스라네. 자네와 통신하는 것은 처음이군."

"데모스에게 무슨 안 좋은 일이라도 있습니까? 그리고 선거 결과는요? 누가 대통령에 당선됐나요? 국회 의원 선거는요?"

도르프는 쉴 새 없이 질문을 퍼부었다.

"하하하. 자네, 선거 결과가 걱정스러웠던 모양이군. 데모스는 대통령에 당선되어 지금 기자 회견을 하느라고 몹시 바쁘시다네. 그래서 내가 대신 연락을 하는 것이지. 그리고 국회 의원 선거에서는 우리 동지들이 124명이나 당선되었네."

"와!"

도르프는 대표와 빛나를 얼싸안고 환호성을 질렀다.

"아, 이제 모든 게 잘 끝났군요."

대표가 이렇게 감격스러워하자 빛나는 정색을 하며 말했다.

"끝은 무슨 끝? 이제야 제타 행성의 민주주의가 시작되는 거지."

"그런가? 아무튼 난 오늘 정말 기쁘다. 하하하!"

도르프는 다시 함박웃음을 지었다.

"도르프, 데모스가 기자 회견을 하러 가기 전에 내게 전한 말이 있네. 이제 모든 임무가 끝났으니 한 달 동안 휴가를 주겠다고 하셨네. 그럼 휴가 끝나고 바로 돌아오게. 이상!"

아이데스는 뭐가 그리 바쁜지 자기 할 말만 하고 통신을 끊어 버렸다.

아무튼 결론은 데모스가 대통령에 당선되고, 데모스의 동지들도 124명이나 국회 의원에 당선돼 국회의 과반수를 확보했다는 것이다. 그리고 또 한 가지는 이제 한 달이 지나면 도르프가 지구를 떠난다는 사실! 대표와 빛나는 아쉽기만 했다.

"도르프, 이제 남은 한 달 동안 뭐 하고 싶어요?"

대표의 질문에 도르프는 한참을 고민하다가 대답했다.

"그동안 시간 여행을 하느라 바빴으니, 이제는 그냥 여행을 하고 싶은데······."

"그럼, 우리 서울 구경 갈까요? 가서 국회랑 청와대도 구경하고요!"

여행 생각에 신바람이 난 대표와 달리 빛나는 아까부터 한마디도 하지 않고 뭔가 심각한 고민에 빠져 있었다. 한참을 그러던 빛나가 마침내 입을 열었다.

"흠, 찜찜해. 자꾸 찜찜하단 말이야. 뭔가 하나 빠진 느낌인데······."

빛나는 계속 미심쩍은 것이 있는 듯 말꼬리를 흐리기만 하고, 확실하게 말하지는 않았다.

"빛나야, 너 내가 서울 구경 가자는 좋은 아이디어를 내니까 샘이 나서 그러는 거지? 그러지 말고 같이 가자. 국회도 가고, 청와대도 가고,

대법원도 가고……."

빛나의 고민에도 아랑곳하지 않고 대표는 계속 여행 이야기만 늘어놓았다.

"서울 구경이라니 촌놈 티는 다 내는구나. 그런데 대표야, 어디 어디에 간다고?"

빛나는 대표의 말에서 뭔가 단서를 발견한 듯했다.

"민주주의를 배우고 돌아가는 거니까 국회와 청와대, 대법원은 구경하고 가야지."

"대법원? 맞았어! 우리가 빠뜨린 게 바로 그거였어. 사법부!"

빛나는 결정적 증거를 찾아낸 명탐정처럼 의기양양한 표정이었다.

"사법부, 그게 뭔데?"

도르프는 정말 모르겠다는 듯 물었다.

"사법부는 법에 따라 옳고 그른 것을 따져 재판하는 기관이에요. 대법원은 사법부의 최고 조직이고요. 그렇지 대표야?"

"응. 맞긴 한데, 우리가 도대체 뭘 빠뜨렸다는 거야?"

빛나의 말에 이제 대표도 알쏭달쏭한 표정이었다.

"아이고 답답해! 도르프가 지구에 와서 지금까지 민주주의에 대해 여러 가지를 조사하고 보고했잖아. 맞지?"

"응."

"국민의 대표인 국회 의원들이 모여서 법을 만드는 국회, 즉 입법부도 조사하고, 행정부를 이끄는 대통령에 대해서도 조사했고."

"맞아."

"그럼 지금까지 우리가 조사하지 않은 중요한 게 뭔지, 아직도 모르겠어?"

"아! 그렇구나. 정말 사법부에 대해서는 까맣게 잊고 있었어. 이거 문제가 되겠는데."

이번에는 빛나와 대표의 대화를 멀뚱멀뚱 듣고만 있던 도르프가 입을 열었다.

"뭐야? 그럼 내 임무는 아직 끝나지 않은 거야? 그리고 사법부가 그렇게 중요한 거야? 재판이라면 우리도 하는데."

빛나가 마치 범인을 취조하듯 날카롭게 물었다.

"도르프, 제타 행성에서는 재판을 어떻게 해요?"

"그동안에는 중요한 재판은 오르시우스 13세가 직접 했고, 나머지 재판들은 오르시우스 13세가 신하들에게 맡겼지."

"그럼 앞으로는 어떻게 할 거 같아요?"

"그야 물론 나에게 따로 조사하라는 임무가 없었으니까 예전에 하던 대로 하겠지. 중요한 재판은 대통령이 하고 나머지는 관리들이 하지 않을까?"

도르프는 뭐 그렇게 당연한 걸 묻느냐는 표정이었다. 빛나와 도르프의 대화를 듣고 있던 대표가 끼어들었다.

"민주주의 국가에서는 나랏일을 국회와 정부, 법원, 이렇게 세 기관이 나누어 맡거든요. 도르프의 말대로라면 제타 행성에서는 정부에서 법원의 역할까지 하는 셈이니 문제가 될 수 있어요."

"그래? 데모스가 민주적으로 잘할 텐데 정말 문제가 될까?"

"문제가 되고말고요. 민주주의에 어긋난 일인걸요."

"왜 민주주의에 어긋난다는 건데?"

"그거야 삼권 분립에 어긋나니까······."

조금 전까지 당당하게 말하던 대표의 목소리가 점점 잦아들었다.

"뭐야, 한대표? 혹시 너도 잘 모르는 거 아니야?"

빛나가 대표의 자신 없어 하는 태도를 눈치채고 물었다.

"아냐. 몽테스키외라는 프랑스 철학자가 《법의 정신》이라는 책에서 삼권 분립을 주장했고, 그 뒤로 민주주의 국가의 기본 원리로 자리 잡았단 말이야. 넌 그것도 모르잖아!"

대표는 몽테스키외를 들먹이며 정치 박사라는 자신의 자존심을 지키려고 했다.

"너, 그거 외우기만 했지 이해는 못 하고 있잖아? 맞지?"

대표의 얕은 지식에 결정타를 날리는 빛나였다.

"뭐? 무식쟁이 탐정 주제에 이 정치 박사 한대표를 함부로 깔보다니……"

대표도 지지 않고 빛나를 공격했다.

"무식쟁이? 너, 말 다 했어?"

"얘들아, 우리끼리 서로 흉보고 싸워서 뭐 하겠니? 타임머신 타고 몽테스키외를 만나서 물어보면 되잖아."

타임머신이라는 말에 대표와 빛나가 싸움을 멈추고 표정까지 환해지며 물었다.

"정말요? 임무가 다 끝났는데 시간 여행을 해도 괜찮아요?"

"뭐, 공식적인 임무는 끝났지만 이건 만약의 사태를 대비한 예비 임무라고나 할까?"

도르프는 아이들과 함께 우주선으로 향했다. 우주선에 도착해 타임머신을 작동시킨 도르프는 다음과 같이 명령했다.

"《법의 정신》을 쓴 몽테스키외를 만나러 시간 여행을 떠난다. 정확한 시간과 장소는 인공 지능을 통해 스스로 결정하도록!"

"도착 시간 및 목적지 확정을 위해 데이터 검색 중……. 삐삑! 완료되었습니다. 1746년 프랑스 보르도 지방의 라브레드성 근처로 이동하겠습니다. 곧 카운트다운을 시작합니다. 서둘러 자리에 앉아 안전띠를 매 주시기 바랍니다."

오랜만에 250년이 넘는 시간을 뛰어넘어 여행을 하려니 대표와 빛나는 다시 멀미를 할 것만 같았다.

"도르프, 봉투 좀 주세요! 봉투!"

아이들의 아우성이 몇 분 동안 계속되었을까? 잠시 후 우주선의 진동이 멈추고 도착을 알리는 메시지가 흘러나왔다.

"지금 몽테스키외는 라브레드성에서 《법의 정신》 원고를 쓰고 있습니다. 잘 만나고 오시길!"

도르프 일행이 우주선 밖으로 나오자 넓은 들판과 포도밭이 보였다. 그리고 그 가운데에 뾰족한 원뿔형 지붕 세 개가 돋보이는 성이 한 채 있었다.

대표가 걱정스러운 듯 물었다.

"어서 가요, 도르프. 그런데 이렇게 불쑥 찾아가서 몽테스키외를 만날 수 있을까요?"

"도르프, 몽테스키외의 책을 좋아하는 애독자라고 해 봐요. 그럼 만나 줄지도 몰라요."

역시 잔꾀를 부리는 데에는 탁월한 빛나의 제안이었다.

도르프 일행은 라브레드성으로 다가가 문을 두드렸다. 그러자 집사가 나와 무슨 일이냐고 물었다. 도르프는 정중하고 우아한 프랑스어로 자신들은 몽테스키외의 책에 감명을 받아 머나먼 외국에서 찾아온 애독자라고 밝혔다.

"잠시만 기다리십시오. 주인님께 여쭤보고 오지요. 그런데 주인님의 어떤 책을 감명 깊게 읽으셨다고요?"

"아, 그게 뭐였더라? 맞다! 《법의 정신》입니다."

도르프의 대답에 집사는 왠지 찜찜한 표정을 짓더니 사라졌다.

잠시 후 집사가 다시 돌아와 도르프 일행을 몽테스키외의 방으로 안내했다. 그런데 이게 웬일일까? 방으로 들어가자 갑자기 하인들이 나타나 몽둥이로 위협을 하며 도르프 일행을 꽁꽁 묶는 것이 아닌가. 그 모습을 지켜보던 중년의 신사가 입을 열었다.

"너희들은 누구냐? 그리고 어떻게 아직 출판되지도 않은 《법의 정신》에 대해 알고 있지?"

이때부터 도르프는 온갖 미사여구를 동원해 자신은 몽테스키외를 존경하는 애독자이며, 법에 대한 책을 집필하고 있다는 소문을 듣고 바다 건너 영국에서 찾아왔다는 이야기를 최대한 멋지고 감동적으로 풀어 놓았다. 몽테스키외의 새로운 책은 역사에 길이 남을 걸작이 될 것이라는 말도 빼놓지 않았다.

결국 몽테스키외도 도르프의 화려한 말솜씨에 넘어가고 말았다.

"영국에서 왔다고? 영국은 내가 높이 평가하는 나라인데……. 미안하군. 요즘 내가 집필하고 있는 책이 군주제를 공격하는 내용을 담고 있어 혹시 왕이 보낸 첩자가 아닐까 의심했네. 집사, 이들을 풀어 주게."

도르프는 얼떨결에 영국에서 왔다고 했는데, 몽테스키외의 반응이 달라지자 안도의 한숨을 내쉬었다. 그리고 새로 집필하는 책의 내용이 궁금하다며, 슬쩍 삼권 분립에 대해 물었다.
　자신이 연구하고 있는 주제에 대한 질문을 던지자 몽테스키외는 열정적으로 설명을 해 주었다.
　"삼권 분립에 대해 묻다니 놀랍군. 역시 영국에서 온 친구다워. 자네가 말한 것처럼 모든 정부에는 삼권, 즉 세 가지 권력이 있네. 바로 입법권, 행정권, 사법권이지. 입법권은 법률을 만들거나 이미 만들어진 법률을 수정하고 폐지하는 권력이고, 행정권은 공공의 안전을 책임지고 공익을 위해 나랏일을 집행하는 권력, 사법권은 법에 따라 죄를 범한 사람에게 형벌을 내리고 개인들 사이의 분쟁을 해결하는 권력이라는 건 자네도 이미 알고 있겠지?"

도르프는 손으로는 몽테스키외의 말을 열심히 받아 적고, 입으로는 "예, 예." 하며 알아듣는 척을 했다. 도르프의 맞장구에 몽테스키외는 이야기를 계속 이어 갔다.

"내가 관심 있는 주제는 바로 국민의 정치적 자유를 어떻게 보장할 것인가 하는 문제라네. 그러기 위해서는 아까 말한 삼권, 즉 입법권, 행정권, 사법권이 한 사람이나 한 기관에 집중되지 않고 나누어져야 하지."

도르프는 이제야 궁금증을 풀 수 있겠다는 듯 물었다.

"왜 나누어 맡아야만 하죠? 그게 궁금해서 여기까지 찾아왔습니다."

"만약 입법권과 행정권을 함께 가진다고 해 보세. 그러면 행정부의 권한을 강화시키기 위한 법도 마음대로 만들 수 있지 않겠나? 예를 들어 독재를 하는 대통령이 자기 임기를 늘리려고 법을 고칠 수도 있지."

"정말 그렇군요. 그럼, 입법권과 행정권만 분리되면 되는 건가요?"

"아닐세. 사법권이 입법권이나 행정권으로부터 분리되어 있지 않아도 국민의 정치적 자유는 보장될 수 없지."

"그건 왜 그런가요?"

"만약 사법권이 입법권과 결합되어 있으면, 법을 만드는 사람이 집행까지 하게 되니 얼마나 큰 권력을 지니는 것인가? 이렇게 되면 국민의 생명과 자유를 한 사람 또는 한 기관이 마음대로 통제할 위험이 있어."

"듣고 보니 그렇게 되면 안 되겠군요. 그럼 행정권과 사법권이 분리되어 있지 않으면요?"

"행정권과 사법권을 모두 가진 이는 폭력적이고 억압적으로 행동하게 된다네."

"그건 왜 그렇죠?"

"그렇게 되면 행정부가 곧 재판관 역할을 하는 것인데, 가령 국민이 행정부에서 잘못한 일로 재판을 하게 되었다고 생각해 보세. 재판관이 누구의 손을 들어 주겠는가?"

"아무래도 행정부의 손을 들어 주겠지요."

"맞네. 그렇게 되면 행정부의 잘못을 통제할 방법이 없는 것이지. 삼권 분립은 이렇게 국가의 권력이 한 사람이나 기관에 집중되는 것을 막고, 세 기관이 서로 견제하면서 균형을 이루게 하기 위한 제도라네."

"선생님 말씀을 들으니 이제야 삼권 분립이 쏙쏙 이해가 되는군요. 선생님 책은 내기만 하면 대박이 날 겁니다."

"하하, 빈말이라도 고맙군. 멀리서 왔으니 내 성에서 좀 쉬었다 가게."

몽테스키외와의 대화에 푹 빠졌던 도르프는 이제야 대표와 빛나가 생각난 듯 두 사람을 돌아보며 물었다.

"얘들아, 우리 이 성에서 며칠 놀다 갈까?"

"좋아요. 도르프도 이제 휴가잖아요."

도르프의 제안을 반기는 빛나와 달리 대표는 심각한 표정을 지으며 말했다.

"여기서 오랫동안 지내면 집에서 엄마 아빠가 걱정하실 텐데……."

"하하! 대표야, 걱정하지 마. 우리가 시간 여행을 떠났던 바로 그 시각으로 돌아가면 돼."

"아하, 그러면 걱정 없군요! 좋아요."

도르프 일행은 낮에는 몽테스키외의 포도밭을 거닐며 포도를 따 먹고, 농장에서 양 떼와 놀았다. 저녁이면 도르프와 대표는 몽테스키외와 정치에 대한 토론을 즐겼고, 빛나는 성의 구석구석을 뒤지며 탐정 놀이에 몰두했다. 꿈만 같던 휴가를 보낸 지 일주일쯤 되었을 때, 갑자기 도르프의 손목시계가 다시 울리기 시작했다.

"도르프, 응답하라! 도르프, 응답하라!"

"데모스, 오랜만입니다! 대통령 생활은 할 만하시죠?"

"쉽지 않군. 우리가 민주주의를 한다고는 하지만, 예상치 못했던 문제가 많이 생긴다네. 우선은 지구의 민주 국가에서는 재판을 어떻게 하는

지 알아봐 주면 좋겠네. 지금 재판 때문에 문제가 많거든. 오르시우스 13세가 다스리던 때랑 바뀐 게 하나도 없다며 불만을 표시하는 국민도 생기고 있어. 휴가는 당장 끝내고 얼른 조사해서 보고해 주길 바라네. 그럼 이상!"

데모스는 자기 말만 급하게 늘어놓고 통신을 끊었다. 하지만 도르프의 얼굴에는 미소가 가득했다.

"얘들아, 이제 휴가를 끝내고 돌아가야겠다."

"왜요? 무슨 일인데요?"

"빛나의 예상이 맞았거든."

도르프는 그날 저녁 몽테스키외에게 감사 인사를 하고 라브레드성을 떠날 준비를 했다.

 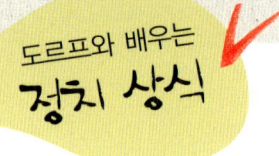

프랑스의 위대한 정치 철학자 몽테스키외

《법의 정신》의 저자로 유명한 몽테스키외는 1689년 프랑스의 보르도 지방에서 태어났어. 보르도에서 법학을 공부하여 변호사가 된 그는 1721년 프랑스 사회를 풍자적으로 비판한 소설 《페르시아인의 편지》로 유명 인사가 되었어.

몽테스키외는 유럽 여러 나라를 여행하면서 각 나라의 정치와 경제에 대해 관찰했어. 그리고 이때 경험하고 관찰한 내용을 《법의 정신》에 실었지. 몽테스키외는 이 책에서 개인의 자유는 국가의 권력이 입법권, 행정권, 사법권의 삼권으로 나뉘어 서로 규제하고 견제해야 비로소 보장될 수 있다고 주장했어.

몽테스키외의 이런 생각은 프랑스 혁명과 미국 독립 혁명에도 영향을 주었어. 프랑스 인권 선언 제16조에는 '권리의 보장이 확보되어 있지 않고, 권력 분립이 규정되어 있지 않은 사회는 결코 헌법을 가지고 있지 않다'고 하여 몽테스키외 사상의 영향을 알 수 있게 해. 오늘날 대부분의 나라에서는 이 삼권 분립 원리를 채택하여 국민의 기본권을 보장하고 있단다. 현대의 민주주의는 몽테스키외에게 많은 영향을 받은 셈이지.

삼권 분립이란 무엇일까?

민주 국가에서는 입법부, 행정부, 사법부가 나랏일을 나누어 맡고 있어. 이는 나랏일을 입법, 행정, 사법의 셋으로 나누어, 각기 다른 기관에 분담시켜 서로 견제하고 균형을 이루게 함으로써 국가 권력이 어느 한쪽으로 집중되지 않게 하기 위해서란다. 이렇게 입법권, 행정권, 사법권 등 세 개의 권력을 세 개의 기관에 나누어 맡기는 것을 '삼권 분립'이라고 해.

삼권 분립 이론을 명확하고 체계적으로 주장한 사람이 바로 몽테스키외야. 몽테스키외는 당시 영국의 정치를 분석하면서 삼권 분립의 원리를 발견했어. 아무래도 영국은 일찍이 의회가 발달하고, 국왕과 의회가 서로 견제하고 균형을 맞추던 역사를 지녔기 때문일 거야.

삼권 분립의 원리를 가장 먼저 받아들인 나라는 어딜까?
몽테스키외가 《법의 정신》에서 삼권 분립을 주장한 뒤로, 이 이론을 가장 처음으로 받아들인 나라는 미국이었어. 미국은 1787년 연방 헌법을 만들면서 삼권 분립의 원리를 헌법에 철저하게 적용했단다. 미국 연방 헌법은 연방 정부의 권한에 대해 입법부(상원·하원), 행정부(대통령), 사법부(최고 재판소)로 명확히 분리하여 이 셋이 서로 견제하고 균형을 맞춰 권력이 집중되는 것을 막도록 하고 있어.

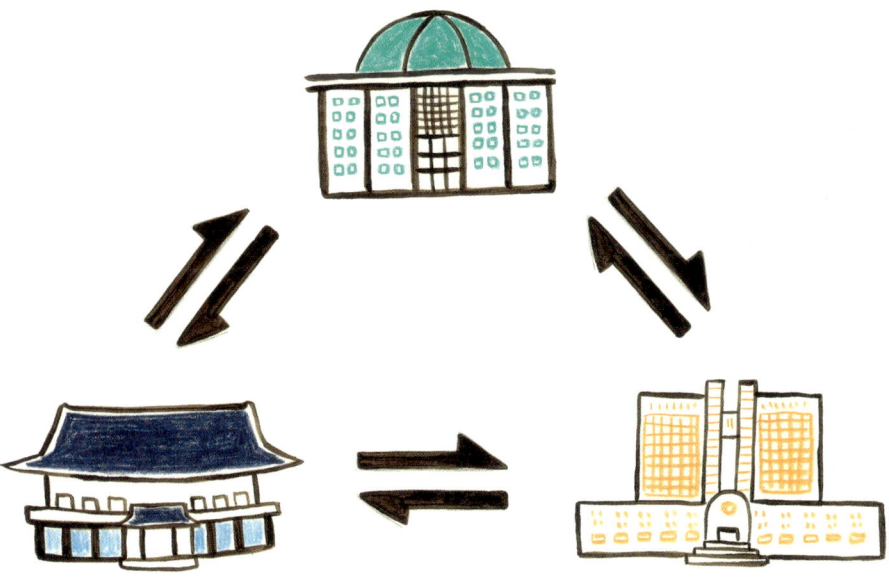

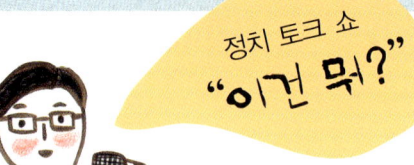

오늘의 주제 **법원**

- 오늘은 사법권을 행사하는 국가 기관인 법원에 대해 이야기해 볼까요?
- 사법권이라면 재판에 대한 권한이니 법원이 바로 재판하는 곳이겠구나.
- 맞아요. 법원은 사람들 사이에 다툼이 생기거나 누군가 법을 어긴 경우에 법에 따라 판결을 내려 사회 질서를 유지하는 곳이지요.
- 우리 별에도 법원이 꼭 필요한 거 같아. 그동안은 다툼이 생겨도 왕과 귀족들 마음대로 처리해서 억울한 사람들이 생기곤 했거든. 대표야, 대한민국의 법원에 대해 알려 줘.
- 왜 만날 대표한테만 물어봐요? 나도 공부 많이 했는데. 우리나라에는 최고 법원인 대법원과 그 아래에 고등 법원, 지방 법원이 있다고요.
- 특허 법원과 가정 법원, 행정 법원, 회생 법원도 있어. 그리고 법률이 헌법에 어긋나는지를 판정하는 헌법 재판소도 있지.
- 너희들 둘 다 정말 대단하다니까. 그런데 법원도 이렇게 종류가 많은데, 혹시 재판도 여러 가지가 있니?
- 그럼요. 우선 민사 재판과 형사 재판으로 나눌 수 있어요. 민사 재판은 개인과 개인 사이에 다툼이 일어났을 때 하는 재판이지요. 민사 재판에서 법원은 양쪽 주장의 옳고 그름을 판단해요. 형사 재판은 개인이나 집단이 법을 어겼는지 여부를 판단하고, 잘잘못을 가려서 죄가 있다면 그에 맞는 형벌을 내리는 재판이고요.
- 참, 재판은 어떻게 하는 거야?
- 민사 재판이냐 형사 재판이냐에 따라 달라요. 민사 재판은 원고, 피고, 변호사, 판사가 참여해요. 원고는 먼저 재판을 요구한 사람을 말하고, 피고는 재판을 당

하는 사람이에요. 변호사는 원고나 피고의 편에 서서 재판에 이길 수 있도록 도와주는 사람이고요. 재판에서 판결을 내리는 사람이 바로 판사이지요.

형사 재판에 대해서는 명탐정인 내가 이야기하겠어. 형사 재판에는 검사, 피고인, 변호인, 판사가 참여해요. 검사는 국가를 대표해서 죄지은 사람을 벌주자고 주장하는 사람이고, 피고인은 재판을 당하는 사람, 즉 범죄를 저지른 것으로 의심받는 사람이에요. 판사의 역할은 똑같고, 변호인은 피고인의 편에 서서 변호를 하지요.

재판에는 재판과 관련된 자신의 경험을 증언하는 증인도 참여해요.

그런데 재판은 한 번만 하는 거야? 한 번에 모든 것을 결정한다면, 억울한 일도 생길 수 있을 거 같아. 가위바위보도 삼세판이 기본이잖아.

하하. 좋은 지적이에요. 그래서 우리나라에서는 같은 사건에 대해 세 번까지 재판을 받을 수 있는 삼심 제도를 채택하고 있어요. 어느 쪽에도 억울한 판결이 생기지 않도록 공정한 재판을 하기 위한 것이죠.

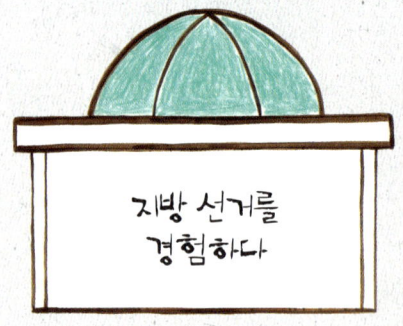

지방 선거를 경험하다

몽테스키외와 헤어진 도르프 일행은 우주선을 숨겨 놓은 곳으로 향했다. 우주선에 도착하자 도르프는 통신 장비를 켜더니 데모스와 연락을 취했다. 데모스도 도르프의 연락을 줄곧 기다렸던 모양인지 곧바로 응답이 왔다.

"도르프, 벌써 임무를 완수한 것인가?"

"예, 빛나와 대표의 도움으로 임무를 미리 예상하고 있었습니다."

"오, 훌륭한 아이들이군. 자네, 친구를 정말 잘 사귀었단 말이야."

도르프는 몽테스키외를 만나 직접 조사한 정보를 데모스에게 보고하기 시작했다. 삼권 분립과 사법부에 대한 보고가 모두 끝나자 데모스의 표정은 한층 밝아졌다.

"자네 덕분에 고민을 깨끗이 해결할 수 있겠어. 우리 제타 행성에서도 사법부를 독립시키고, 삼권 분립의 원리에 따라 나랏일을 나누어 맡아야겠군. 수고했네, 도르프. 이제 진짜 휴가를 보내고 한 달 뒤에 출발하게나. 이번엔 진짜일세."

데모스와 연락을 마친 뒤 도르프는 대표, 빛나와 함께 현재의 대한민국으로 돌아왔다. 도르프는 지구에서 남은 한 달 동안 무엇을 하며 보내면 좋을지, 그리고 제타 행성으로 돌아가면 무슨 일을 할지 고민에 빠졌다. 지구를 떠나는 아쉬움과 제타 행성으로 돌아가면 펼쳐질 새로운 생활에 대한 막연한 두려움이 마음을 무겁게 했다. 도르프의 이런 생각을 어떻게 알았는지 갑자기 빛나가 예리한 질문을 던졌다.

"도르프, 고향에 가면 무슨 일을 할 거예요?"

"글쎄, 이제부터 천천히 생각해 봐야지."

"그럼 저한테 좀 더 배운 다음에 우주 탐정이 되는 건 어때요?"

"아니지, 빛나야! 지구에서 열심히 민주주의를 공부했으니 정치인에 도전하는 게 더 좋을 거야."

빛나와 대표는 제각각 들뜬 표정으로 도르프를 바라보았다.

"음, 빛나한테 미안하지만 난 탐정엔 소질이 없는 거 같아. 대표 말대로 정치에 도전하고 싶긴 한데, 내가 그동안 배운 건 많지만 민주 정치에 대한 실제 경험이 없어서 걱정이야. 내 동료들은 선거도 해 보았는데, 난 조사만 하고 훈수만 뒀지 직접 해 본 건 하나도 없어서 자신이 없네."

도르프의 대답에 빛나는 정말 아쉬워했고, 대표는 뭔가 꿍꿍이가 있는 표정으로 도르프에게 갑자기 지방 선거 이야기를 꺼냈다.

"도르프, 정치를 경험해 보고 싶다면 좋은 기회가 있어요. 곧 있으면 지방 선거가 열리거든요."

"지방 선거? 그게 뭐야?"

도르프는 잘 모르는 단어가 나오자 반사적으로 질문을 던졌다.

"지방 선거란 지방 자치 단체장이나 지방 의회 의원을 선출하는 선거를 말해요."

대표의 대답에 도르프는 그래도 잘 모르겠다는 표정으로 물었다.

"지방 자치 단체장? 그리고 지방 의회 의원은 또 뭐야?"

"대표야, 지방 자치가 무엇인지부터 설명해야지."

결국 옆에서 듣고 있던 빛나가 한마디 하고 말았다.

"안 그래도 설명하려고 했어. 그렇게 마음에 안 들면 네가 하렴."

빛나의 타박에 대표는 마음이 상한 모양이었다.

"아냐 아냐. 그냥 하던 김에 네가 계속 설명해."

빛나가 당황스러운 속마음을 감추고 말했다.

"그래, 대표야. 삐치지 말고 네가 계속 설명해 줘."

빛나 말에 도르프도 맞장구를 쳤다.

"음, 이렇게 모두가 저를 원하신다면 어쩔 수 없죠. 하하하. 이제부터 제 설명을 잘 들으세요. 지방 자치는 지방의 행정을 지방 주민이 선출한 기관을 통해 처리하는 제도랍니다. 지방 자치를 맡은 기관으로는 특별시, 광역시, 도, 시, 군과 같은 지방 자치 단체와 그 단체의 의결 기관인 지방 의회가 있지요."

설명을 듣고 있던 도르프가 눈을 반짝이며 물었다.

"그럼 선거를 통해 지역 주민들이 자기 지역의 지방 자치 단체장과 지방 의회 의원을 뽑는다는 말이구나?"

"그렇죠. 역시 도르프는 하나를 가르치면 열을 안단 말이에요."

대표는 흡족한 표정으로 도르프를 바라보았다.

"그런데 지방 자치를 하면 뭐가 좋은데? 우리 제타 행성에서는 옛날부터 왕이 중앙에서 파견한 관리들이 지방 행정을 맡아서 했거든. 그건 민주주의가 도입된 지금도 마찬가지일 테고."

역시 도르프는 궁금한 게 생기면 그냥 넘어가는 법이 없었다.

"거기까지는 저도 잘 모르겠는데요. 도르프가 저희 아빠에게 직접 물어보면 안 될까요?"

대표가 웬일로 자기가 모른다는 걸 인정하는 순간이었다.

"잘난 척 대마왕 한대표가 순순히 물러나다니, 너 혹시 다른 꿍꿍이가 있는 거 아냐?"

빛나의 예리한 질문에 대표는 살짝 뜨끔한 표정을 지으며 말했다.

"음, 역시 빛나는 눈치가 빨라. 우리 아빠가 이번 지방 선거에서 시 의원 후보로 출마하시거든."

빛나가 정색을 하고 물었다.

"너, 설마 나랑 도르프한테 선거 운동 도와 달라는 건 아니겠지?"

"천만의 말씀, 만만의 콩떡이라네! 대한민국 국민이 아니거나 만 18세

미만의 미성년자는 선거 운동을 할 수 없거든? 도르프는 외계인이고, 너는 어린이니까 선거 운동은 못 한다고."

"그럼 너희 아빠께 여쭤보자고 한 이유는 뭐야?"

"하하하, 그건 내가 이번 지방 선거 때 어린이 기자단을 만들 계획이라 그렇지. 우리 아빠랑 다른 지방 선거 후보자들 인터뷰를 하는 거야."

"어린이 기자단?"

"우리가 정치를 직접 체험하기에 가장 좋은 방법은 선거 운동에 참여하는 것이겠지만, 그건 불가능하잖아. 그래서 대신 기자단을 만들어 지방 선거를 취재하자는 거야. 선거는 민주주의의 꽃인데, 그냥 지나치기에는 너무 아깝잖아!"

대표의 말을 듣고 도르프가 감탄했다.

"아하, 그럴듯한데!"

"지방 선거를 취재하다 보면 선거와 정치에 대해 많은 경험을 쌓을 수 있어요. 그럼 도르프가 제타 행성에 돌아가서 정치에 도전하는 데 큰 힘이 될 거예요. 물론 제가 미래의 훌륭한 정치인으로 자라는 데에도 많은 도움이 되겠지만요. 하하하!"

대표는 자신의 계획이 너무도 완벽하다는 듯 큰 소리로 웃었다.

"뭐? 결국 너 좋은 일 하자는 거잖아!"

"아냐, 도르프한테 더 좋은 경험이 될 거야."

빛나와 대표는 어린이 기자단 결성을 놓고 다시 옥신각신했다. 아이들의 말싸움을 말리던 도르프가 갑자기 큰 문제점을 발견한 듯 물었다.

"잠깐, 얘들아! 어린이 기자단에 내가 들어가도 되는 거야? 난 어린이가 아닌데……."

"그건 걱정 말아요. 도르프는 어린이 기자단을 지도하는 선생님 역할을 맡으면 되니까요."

대표의 시원스러운 대답에 도르프도 어린이 기자단 결성에 찬성했다.

"좋아, 우리 함께 어린이 기자단을 해 보자! 빛나 너도 할 거지?"

"뭐, 도르프가 원한다면요."

빛나도 동의하자 대표는 신이 나서 말했다.

"이것으로 지방 선거 어린이 기자단 결성! 좋아, 우리 빨리 취재하러 가요."

대표의 재촉에 도르프 일행은 제일 먼저 대표의 아빠를 만나 인터뷰하기로 했다. 이들이 선거 운동 사무실에 들어서자 대표의 아빠는 깜짝 놀라며 물었다.

"대표야, 네가 여긴 웬일이니?"

"아빠, 아니 한길로 후보님, 인터뷰하러 왔어요."

"인터뷰?"

"예, 저희는 어린이 기자단입니다. 이번 지방 선거를 직접 취재해 어린이들에게 지방 자치에 대해 알려 주는 기사를 쓸 계획입니다."

청산유수와 같은 도르프의 말솜씨에 선거 준비로 바쁜 대표의 아빠도 인터뷰를 허락했다.

"아, 반갑습니다, 어린이 기자단 여러분. 저는 지방 자치의 한길을 걸어온 한길로 후보입니다. 궁금하신 게 있다면 뭐든 물어보십시오."

궁금한 게 많던 도르프가 먼저 질문을 했다.

강릉시의원 후보 **1 한길로**

"그럼 기본적인 질문부터 드리겠습니다. 지방 자치를 하면 무엇이 좋은가요?"

"좋은 질문입니다. 지방 자치는 자신이 속한 지역의 일을 주민 스스로 처리한다는 민주 정치의 가장 기본적인 요구를 바탕으로 합니다. 주민들의 손으로 직접 뽑은 주민의 대표가 지역의 행정을 맡게 되는 것이죠. 선거를 통해 뽑힌 시장이나 도지사는 당연히 자신들을 뽑아 준 주민들의 의견이나 희망 사항에 더욱 귀를 기울일 수밖에 없습니다. 그리고 지방 의회에서는 시·도의 예산을 어떻게 사용하고 어떤 사업을 벌일 것인지 결정하고, 지방 자치 단체장이 주민들의 뜻에 맞게 제대로 일하는지 감시한답니다."

한길로 후보는 대표의 아빠답게 지방 자치에 대해 자세하게 설명해 주었다.

이번엔 빛나가 질문했다.

"한길로 후보님, 이번 선거에서 어떤 공약을 준비하셨나요?"

"제가 출마한 지역에는 초등학생 자녀를 둔 젊은 부부들이 많이 살고 있습니다. 그래서 그런지 어린이를 위한 도서관이 필요하다는 여론이 많았습니다. 현재 도서관이 한 곳 있지만, 장소도 좁고 어린이를 위한 책이 별로 없어서 말이죠. 그리고 어린이들이 가족과 함께 문화 행사를 즐기고, 스포츠나 바둑과 같은 다양한 교육을 받을 수 있는 장소가 있으면 좋겠다는 바람이 많더군요. 그래서 제가 시 의원이 되면 시청에서 어린이 문화 회관을 짓도록 힘쓸 계획입니다."

대표의 질문이 이어졌다.

"이런 공약은 어떻게 마련하셨나요?"

"평소 시민 단체로부터 지역 살림에 대한 의견을 듣고, 주민들을 자주 만나 의견을 들었지요. 지역의 문제나 주민들이 겪는 불편한 점을 살피고 이를 해결하는 것이 지방 자치 단체와 지방 의회의 역할이니까요."

"네, 오늘 인터뷰 감사합니다."

"아빠, 고마워요! 이따가 집에서 만나요."

"선거에서 좋은 결과 있길 바라요."

도르프와 아이들은 취재를 마치고 한길로 후보에게 인사했다. 그리고 선거 운동 사무실을 나서서 일단 빛나의 집으로 돌아왔다.

빛나가 물었다.

"자, 내일부터는 어떻게 하지?"

"공정하게 다른 후보들도 인터뷰를 해야지. 각 후보들을 만나서 지역 어린이들을 위한 공약이 있는지 집중적으로 묻고, 그걸 비교해서 기사를 쓰는 거야. 기사를 올릴 블로그도 만들어야겠어. 그리고……."

대표는 쉴 새 없이 이야기했다. 이때 빛나가 새로운 제안을 했다.

"대표야, 우리 학교에서 설문 조사를 해 보는 건 어떨까? 아이들에게 만약 자신이 지방 선거에 출마한다면 반드시 추진하고 싶은 공약을 이야기해 보라고 하는 거야."

도르프와 대표가 한목소리로 말했다.

"아주 좋은 생각이야!"

도르프, 한대표, 왕빛나의 어린이 기자단은 공식 선거 운동 기간이 시작되는 5월 20일 전까지 설문 조사를 마친 뒤 초등학생이 뽑은 3대 공약을 선정해 발표하기로 했다. 그리고 선거 운동 기간이 시작되면 투표일인 6월 2일까지 선거 운동 현장을 취재하기로 계획을 세웠다.

그 뒤로 하루하루 바쁜 나날이 계속되었다. 한동안은 설문 조사를 하느라 정신이 없었다. 대표와 빛나가 다니는 학교뿐만 아니라 주변 초등학교 학생들에게도 설문지를 돌려 최대한 많은 의견을 구했다.

"음, 어린이가 안심하고 다닐 수 있는 안전한 학교를 만들겠다는 공약이 가장 많은걸."

수거한 설문지를 분석하던 대표가 결과를 발표했다.

"아무래도 요즘 유괴 사건이 많이 일어나서 그런가 봐. 두 번째로 많은 의견은 뭐야?"

빛나가 물었다.

"시험을 없애겠다는 것!"

"흐흐, 그건 불가능하지 않을까? 그럼 세 번째는?"

"우리 동네에 어린이 도서관을 만들겠다는 거야."

도르프와 대표, 빛나는 설문 조사 결과를 블로그에 올리고 지방 선거에 출마한 후보들에게 지역 어린이들을 위한 정책에 반영해 달라는 기사를 썼다.

어린이 기자단이 쓴 기사의 반응은 뜨거웠다. 어린이뿐만 아니라 엄마, 아빠들의 지지 댓글이 1000개가 넘게 달리고, 어린이 기자단이 제안한 정책들을 추진하겠다는 후보들도 하나둘씩 생겨났다. 대표의 아빠, 한길로 후보도 함께했음은 물론이다.

"와! 우리가 뭔가 의미 있는 일을 한 거 같아."

도르프는 어린이 기자단 활동이 성공을 거두자 뿌듯해하며 말했다. 바로 그때였다.

"전화 받으세요! 전화 받으세요!"

한동안 울리지 않던 도르프의 손목시계에서 벨 소리가 나기 시작했다. 도르프가 손목시계의 통신 장치를 작동시키자 데모스의 목소리가 흘러나왔다.

"도르프, 빨리 돌아와야겠네. 다른 별에서 우리 별의 민주주의를 배우러 외교 사절단을 보낸다는데, 자네가 꼭 필요하군. 20일 뒤에 사절단이 도착할 예정이니 지금 당장 제타 행성으로 귀환하게! 그럼 이상!"

통화를 끝내고 난 도르프는 대표와 빛나의 얼굴을 바라보았다. 아이들의 눈에는 눈물이 글썽했다. 어느 정도 제타 외계어에 익숙해진 아이들이 통화 내용을 다 알아들은 것이다.

"도르프, 정말 가는 거예요?"

"이제 영영 이별인가요?"

"얘들아, 이걸 이용하면 언제든지 나랑 이야기할 수 있어. 선거 결과 나오면 알려 주고, 언제라도 연락해!"

도르프는 차고 있던 손목시계를 아이들에게 주었다.

도르프와 아이들은 우주선을 숨긴 곳으로 갔다. 이제 우주선에 타는 것은 도르프뿐이었다.
"도르프, 잘 가요! 꼭 다시 와야 해요!"
"안녕, 얘들아! 다시 만나!"
작별 인사를 끝으로 우주선은 눈 깜짝할 사이에 사라져 버렸다.

도르프와 배우는
정치 상식

우리나라에서 지방 자치는 언제 시작되었을까?

우리나라에서 민주적인 지방 자치제가 처음 채택된 것은 1949년 지방 자치법을 발표하면서야. 1950년 한국 전쟁으로 잠깐 중단되었다가 1952년 지방 의회 의원 선거를 실시하고 1960년에는 지방 총선거를 하면서 다시 살아났지. 그러나 1961년 군사 정부가 들어서면서 지방 의회를 해산시켜 버렸어. 1988년이 되어서야 지방 자치법은 다시 고쳐졌고, 1991년 지방 의회를 구성했단다. 1995년에는 지방 의회뿐만 아니라 자치 단체장도 시민의 손으로 뽑게 되어 본격적인 지방 자치 시대가 열렸지.

우리나라의 지방 자치 단체에는 무엇이 있을까?

우리나라의 지방 자치 단체는 지방 자치법에 따라 2종류가 있어. 바로 광역 자치 단체와 기초 자치 단체이지. 2020년 현재 광역 자치 단체는 특별시 1개(서울특별시), 특별자치시 1개(세종), 광역시 6개(부산, 대구, 인천, 광주, 대전, 울산), 도 8개(경기도, 충청남도, 충청북도, 전라북도, 전라남도, 경상북도, 경상남도, 강원도), 특별자치도 1개(제주도)로 모두 17개야. 시·군·구의 기초 자치 단체는 모두 226개인데, 시가 75개, 군이 82개, 구가 69개이지.

광역 자치 단체는 기초 자치 단체보다 상부에 있고, 더 넓은 지역을 관할해. 예를 들면 서울특별시라는 광역 자치 단체 아래에 강남구, 강동구 등 25개 자치구, 즉 기초 자치 단체가 있단다. 서울특별시의 자치 행정은 서울특별시청에서 총괄하고, 서울 시민이 뽑은 서울특별시장이 책임을 져. 25개 자치구의 자치 행정은 구마다 주민들이 선출한 구청장이 책임지고. 한편, 2개 이상의 자치 단체가 공동의 일을 함께 처리하기 위해 특별 지방 자치 단체를 설립할 수 있단다.

지방 자치 단체가 하는 일은?

시청이나 도청과 같은 지방 자치 단체는 주민 생활의 불편을 해결하기 위해 노력한단다. 도로, 주택, 상하수도 건설과 같은 지역 발전을 위한 사업을 계획하고 실천할 뿐만 아니라, 지역의 환경과 문화를 가꾸고 발전시키는 일에도 힘쓰지. 지방 의회는 주민들의 의견을 들어 지역 문제에 대한 해결 방안을 찾으며, 조례를 만들거나 예산안을 심의·확정하는 등의 일을 해.

지방 자치의 장점과 단점은?

지방 자치의 가장 큰 장점은 지역 주민들의 의견이나 바람에 따라 고장의 살림을 꾸려 나간다는 점이야. 지방 자치 단체는 지역의 현장에서 주민들과 만나기 때문에 실제로 주민들이 무엇을 원하는지 잘 알 수 있단다. 또한 여러 지방 자치 단체들이 서로 경쟁하며 지역 주민들에게 더 나은 편의를 제공할 수도 있지.

반면에 극단적인 지역 이기주의를 불러오는 단점도 있어. 쓰레기 매립장이나 하수 처리장처럼 여러 고장 사람들이 공동으로 필요한 시설을 건설할 때, 자기 고장에는 절대 안 된다고 반대하는게 바로 이런 경우야.

정치 토크 쇼
"이건 뭐?"

오늘의 주제 **지방 자치와 주민 참여**

🙍‍♀️ 대표야, 내가 신문에서 지방 자치를 '풀뿌리 민주주의'라고도 한다는 이야기를 읽었는데 그게 무슨 뜻이야?

🧑 풀뿌리 민주주의란 평범한 시민들이 자발적으로 참여해서 자신이 살고 있는 지역과 실생활을 변화시키는 민주주의를 말해요. 주민의, 주민에 의한, 주민을 위한 정치인 셈이죠. 그래서 풀뿌리 민주주의는 지방 자치와 같은 뜻으로 쓰여요.

🙍‍♀️ 그런데 왜 '풀뿌리'라는 이름이 붙은 거지?

🧑 도르프, 식물의 뿌리가 하는 역할이 뭔지 몰라요?

🙍‍♀️ 알지. 물과 양분을 흡수하잖아.

🧑 맞아요. 식물이 자라는 데 뿌리가 없어서는 안 되는 것처럼, 지방 자치에서는 주민 하나하나가 식물의 뿌리처럼 중요한 존재거든요.

🙍‍♀️ 아하, 풀이 땅에 뿌리를 박고 쑥쑥 자라나는 것처럼 주민들이 자기 고장의 정치에 직접 참여하여 민주주의를 실현한다는 뜻이구나! 그럼 주민들이 지방 자치에 참여하는 방법에는 무엇이 있어?

🧑 우선 지역을 대표하는 자치 단체장과 지방 의회 의원을 선출할 수 있어요.

🧑 그리고 자치 단체장이나 지방 의회 의원들이 일을 똑바로 하지 못하면, 투표를 통해 그 자리에서 물러나게 할 수도 있지요.

🙍‍♀️ 주민들이 지방 자치 단체가 일을 잘하는지 못하는지 감시하는 셈이구나.

🧑 그렇죠. 주민들의 참여가 높을수록 살기 좋은 고장을 만들 수 있는 거예요.

🧑 도르프, 시민 단체를 통해 참여하는 방법도 있어요.

🙍‍♀️ 시민 단체? 그건 또 뭔데? 아직도 배워야 할 게 참 많구나.

🧑 시민 단체는 정부와는 상관없이 시민들이 자발적으로 만든 단체를 말해요. 경제, 노동, 인권, 환경, 교육, 소비자, 여성, 평화 등 다양한 사회 영역의 활동을 하지요. 지역에서 일어나는 일뿐만 아니라 국가 정책에 대해서도 잘못이 있으면 고치도록 주장해요.

👧 아하, 시민 단체 활동을 하면 투표에 참여하는 것보다 훨씬 적극적으로 자기 지역과 나라의 일을 돌볼 수 있겠는데?

🧑 맞아요. 시민 단체에서는 어떤 문제가 생겼을 때 항의 시위나 서명 운동을 진행하고 인터넷에 의견을 올려 여론을 주도하기도 하죠.

👧 음, 나도 제타 행성으로 돌아가면 시민 단체를 하나 만들어야겠어.

🧑 무슨 시민 단체요?

👧 민주주의를 사랑하는 시민들의 모임! 그거 좋겠지?

뒷이야기

대표야, 빛나야! 안녕!
난 제타 행성에 무사히 돌아왔단다.
고향에 돌아와 보니 많은 것이 바뀌어 있더구나.
이게 모두 나에게 민주 정치가 무엇인지 잘 알려 준 너희들 덕분인 거 같아.
하지만 한편으로 우리 제타 행성의 민주주의는 이제부터 시작이라는 생각이 들어. 아직 국민들이 민주주의에 익숙하지 않아서 말이야.
지구에 있을 때 국민들 사이의 의견 차이를 좁혀 서로에게 이로운 해결 방안을 찾아 실현하는 게 정치라고 배웠는데, 그게 말처럼 쉬운 건 아니라는 사실을 종종 깨닫곤 한단다.
그래도 우리 별 사람들이 민주주의에 대해 더 잘 이해하고 대화와 타협을 통해 여러 문제를 해결하려 한다면, 제타 행성의 민주주의도 한 걸음씩 더 발전할 거라고 믿어.

대표야, 빛나야!

너희들도 민주 정치에 대해 더 열심히 공부하고, 나에게 더 많은 것을 알려 주기 바란다.

나도 궁금한 것이 생기면 언제라도 다시 연락할게!

— 제타 행성에서 도르프